KLEINE BETTLEKTÜRE FÜR LUSTIGE HANNOVERANER

Kleine Bettlektüre für lustige Hannoveraner

Scherz

AUSGEWÄHLT VON
KATHARINA STEINER

Schutzumschlag von Heinz Looser

INHALT

WERNER SCHUMANN

«Suscipere et finire»

Wer die bis zur Unkenntlichkeit zerstörte Stadt Hannover im Frühjahr 1945 erlebte, glaubte nicht mehr an ihren Wiederaufbau. Von 472 000 Einwohnern hausten noch 217 000 in Kellern und Notwohnungen, von 87 Schulen standen noch vier. Aber die Hannoveraner, getreu ihrem Wahlspruch «Suscipere et finire» – anpacken und vollenden – fackelten nicht lange. Längst ist Hannover, bis zu dessen Rändern die Ausläufer des Weserberglandes und der Lüneburger Heide vorstoßen, in neuem Glanz erstanden, doch ohne die kühl distanzierende Aura, die einst der Metropole an der Leine nicht immer nur wohlwollende Adjektiva eintrug. Der Zwang, aus der Altstadtenge in verkehrstechnisch neue Räume vorzustoßen, verwandelte die altvertraute Physiognomie. Mit der von Jahr zu Jahr seit 1947 rapid gewachsenen Messe, heute der größten in Europa, wurde das moderne Gesicht Hannovers urbaner, die City farbiger, ja jugendlicher. Heitere Farbtupfen lockerten das Korsett der Straßenzüge, ein paar Straßenbahnen sind palettenbunt, und auf dem Georgsplatz, wo Aristide Maillols Plastik *L'Air* exemplarisch für Lebensfreude wirbt, zwischen Blumen, Bäumen und Brunnen sich zu sonnen, gehört zu den Selbstverständlichkeiten mancher Mittagspausen.

Hat etwa die Mentalität der einst mit mehr oder weniger Recht als s-teif verschrienen Hannoveraner sich verändert? Gewiß trug die Umwelterneuerung dazu bei, auch den Eingeborenen «umzustimmen». Ein so radikales, umstrittenes Programm wie das «Experiment Straßenkunst» mit der stürmischen Ouvertüre des Altstadtfestes brachte nur die Konservativsten noch aus dem Häuschen. Auf dem historischen Terrain zwischen der gemächlich dahinfließenden Leine und der wuchtigen Backsteingotik der Marktkirche waren zu lärmender Musik Hunderttausende auf den Beinen. Dies gigantische Amüsement hat sogar die städtischen Initiatoren überrascht. Grell angepinselte Styropor-Kuben an den offiziellen Gebäuden waren für die reputierliche Landeshauptstadt eine bisher kaum erlaubte Extravaganz. An Skulpturen hatte Hannover bisher gewiß keinen Mangel. Nun soll, mit diesem Startschuß, die moderne, abstrakte, ingenieurhafte Kunst noch sichtbarer auf Hannovers Straßen und Plätzen erscheinen – bis Henry Moore und Fritz Wotruba.

Auf dem linken Leine-Ufer stehen noch die Relikte der ältesten Stadtbefestigung, ragt noch, als stumme Gebärde des Triumphs über den Untergang in hundert Bombennächten, am «Hohen Ufer» der mittelalterliche Beginenturm, als wollte er das in unsern Tagen daneben errichtete Historische Museum schützen, in dessen Bau das ehemals herzogliche Zeughaus einbezogen wurde. Was im alten Hannover unvorstellbar gewesen wäre, hat sich am Hohen Ufer angesiedelt: der Flohmarkt, wo das Gerümpel floriert, einer der wenigen in der Bundesrepublik, eine der Chancen für die Jugend. Auf Schritt und Tritt sind hier das Gewesene und Heute eng verschwistert. Romantische Brunnen und blinkende Wirtshausschilder, ein elegisch stimmender Rest von mehrhundertjährigen schmalbrüstigen Häusern mit farbig aufpolierten vorgekragten Geschossen und wie ausgespart in all der verwinkelten Gassenenge der durch vielerlei Verwandlungen hindurchgegangene Ballhof. Er ist aus dem 1649 errichteten «Ballhaus» hervorgegangen und wurde eine Zuflucht des Schauspiels, als alles in Schutt und Asche lag. Hier hat sich das Staatstheater etabliert und allen räumlichen und technischen Unzulänglichkeiten getrotzt. Boutiquen, kleine Lädchen im Stil des vorigen Jahrhunderts haben sich in der Nachbarschaft aufgetan. Und wohl ein Dutzend Lokale für Künstler und junge Leute wie die «Kreuzklappe», «Museumsstübchen», «Haarspalter» und «Ole Beutelstraeker» widerlegen auf ihre Art den Vorwurf, daß Hannover eine steifleinene Stadt sei.

Doch etwa die erstaunliche Wiederaufbauleistung hektisch zu übertreiben, wäre nicht im Sinne des Hannoveraners. Es dünkt ihm selbstverständlich, daß ins umgebaute Leineschloß mit dem berühmten Portikus und den sechs korinthischen Säulen der Niedersächsische Landtag einzog. Es gibt überdies in der Metropole genug grüne Inseln, die heiter zum Verweilen einladen, daß man darüber beinahe vergessen könnte, wieviel weltbekannte Werke und Industrien den Namen Hannovers über die Kontinente tragen. Denken wir nur an den «Lindener Samt» – der schon fabriziert wurde, als der Vorort Linden noch ein bescheidenes Dorf war –, an das Volkswagenwerk in Hannover-Stöcken, an Continental, Günther Wagner, Hackethal, Körting, die Keksfabrik Bahlsen, Feinkost-Appel und die Kali-Chemie. An Phantasie hat es an der Leine nicht gefehlt, wie selbstverständlich entstanden die Gegengewichte, was nicht nur aus Courtoisie bemerkt sei. Unberührt davon werden auch künftighin die mittelalterlichen Relikte der über 800 Jahre alten Stadt – sie wurde 1133 zum erstenmal urkundlich genannt – und die restaurierten Überbleibsel der welfischen Jahre Hannovers vielfältiges Gesicht mitbestimmen.

Auf dem Weg vom Hauptbahnhof, vor dem

wie eh und je Ernst August hoch zu Roß mit dem taubenumflatterten Ulanenhelmbusch in Richtung Leineschloß sprengt, in die City durch die pulsierende Bahnhofstraße, steht noch immer das gute, alte «Café am Kröpcke» im Stadtmittelpunkt. Der Ursprung ist romantisch genug. 1867 gab ein eiserner Pavillon von der Pariser Weltausstellung dem berühmt gewordenen Café die ursprüngliche Gestalt. Wiederaufgebaut nach dem letzten Kriege, nun abermals bedroht von der heranrückenden U-Bahn, ist und bleibt es eine beinahe legendäre Stätte der Erinnerungen. Denn noch stützt der Garten zwischen Café und dem höher gelegenen Opernhaus, stützen an warmen Frühlings- und Sommertagen die Klänge aus dem Musikpavillon die Illusion, daß die Vergangenheit noch nicht endgültig tot sei. Hier hat, erinnert man sich, in rotem Plüsch schon Wilhelm Busch seinen Schwarzen einst getrunken, entzückte sich der junge Remarque mit eingeklemmtem Monokel an der Anmut der elegant gekleideten Hannoveranerinnen, verkehrten so aufsässige Geister wie Kurt Schwitters, der bärtige Theodor Lessing, Joachim Ringelnatz, Carl Buchheister und der Verleger der *Silbergäule* Paul Steegemann, der in einem Pappkarton seine ganze Verlagskorrespondenz mit zum Stammtisch schleppte. Längst hat der Staub, der einmal hier aufgewirbelt wurde, sich gelegt. Das Schwabing Hannovers in diesem Stil gehört der Geschichte an, ein anderes Künstler- und Literatentum ist heraufgekommen.

Wo einst die schmiedeeisernen Engel des Wohltätigkeitsapostels Bödeker standen, zwischen der Hochstraße am Aegidientorplatz und Steintor, pulst internationaler heute das Leben auf der Georgstraße. Nach den alten Rissen von Laves ist der schöne, zweckmäßige Neubau des Opernhauses entstanden, und darunter gleich eine Tiefgarage von respektablen Dimensionen. Männer wie Grupen, Karmarsch, Laves, Duve, Bödeker, Culemann, die im 18. und 19. Jahrhundert dem hannoverschen Antlitz entscheidende Züge einprägten, in hohen Ehren – doch der Vorstoß in die Zukunft hat andere Kräfte, kühnere Gedanken mobilisieren müssen, für die es bisher noch keine Maßstäbe gab. Ein Barometer für das Tempo der Entwicklung ist der Flughafen in Langenhagen mit 2 Millionen Fluggästen im Jahr. Er ist auf dem Wege zu einem Großflugplatz im Weltverkehr.

Doch folgen wir vom Kröpcke aus weiter den alten, verdeckten Spuren, lassen wir uns von der gotischen Giebelzier des Alten Rathauses fesseln, die ein höchst reizvolles Contra bildet zu der schweren, kühlen Wucht der fast gleichaltrigen Marktkirche. Schon am Bahnhof überrascht den nächtlichen Ankömmling ihr angestrahlter Turm. Und suchen wir im Pflaster des Marktplatzes, in der Nähe der Karmarschstraße, jenes Steinkreuz, von dem aus die Türme der vier innerstädtischen Kirchen sichtbar sind. Da sind die von modernen Wohnsiedlungen und Gärten umgürtete Kreuzkirche (1333), in deren Ruine unmittelbar nach Kriegsende Theater gespielt wurde, und die nach venezianischen Vorbildern errichtete St. Clemens-Probstei-Kirche. Ringsum zeigt die Geschichte ihre Kulissen, die Ursprünge Hannovers rücken nahe.

Ein verwöhnter Münchner Freund, den ich eines Julitags an den 1935 künstlich angelegten, 2500 m langen Maschsee mit dem palmenbestückten Nordufer führte, war von der unerwarteten Festlichkeit des Anblicks hingerissen. Ein hellblauer Himmel spannte sich zärtlich darüber, und die weißen Flügel der Segler bewegten sich ruhevoll über das von Leine und Ihme gespeiste Wasser. Das Licht war am gleichen Tag auch dem hannoverschen Nationalfeiertag hold, dem seit 600 Jahren festlich begangenen Ausmarsch der Schützen, die mit Pauken und Trompeten umjubelt durch den Fahnenwald der Georgstraße zogen. Da Hannover von Schönwetterperioden nicht verwöhnt ist, lag es nahe, auch ein Blumen-, Rasen- und Teich-Mosaik wie den Stadtgarten (hinter dem grünen Kuppelrund der Stadthalle) und den immer mehr in die Eilenriede vorstoßenden Zoo, den der Tierhändler Ruhe pachtete, zu besuchen. Zu spät im Jahr war's freilich für den hellen Anemonenteppich der Eilenriede, der idyllische Maschteich nahm zur Sommerszeit dem Neuen Rathaus alle bauliche Schwere, und ein Luststück wie der Löns-Park draußen im Villenvorort Kirchrode bereitete den Münchner noch auf ganz andere Dimensionen vor, beispielsweise auf den von Baumriesen immer leicht verdunkelten Tiergarten mit seinen Wildpferden und den zutraulichen Damhirschen, die dem Besucher aus der Hand fressen. Eine unverzeihliche Unterlassungssünde wäre es gewesen, dem süddeutschen Besucher die avantgardistische Kestner-Gesellschaft in der Warmbüchenstraße, die bedeutenden Kunst- und naturkundlichen Sammlungen des Landesmuseums am Maschteich und das von granitnen Löwen flankierte Künstlerhaus vorzuenthalten, wo der 1832 gegründete Kunstverein seine Frühjahrs- und Herbstausstellungen zeigt.

Der Gipfel einst höfischer Parkpoesie aber blieb bis zu guter Letzt aufgespart. Wie eigentlich alles in Hannover für sich leuchtet und anzieht, ohne daß die Stile verwirrend durcheinandergeraten, so auch Herrenhausen. Seine kühle Magie bedarf kaum noch der Lobpreisung. Das

Herz Hannovers schlug hier am vernehmlichsten, als die Kurfürstin Sophie aus einem kleinen Lustgarten durch Charbonnier den «Großen Garten» entwickeln ließ und eine glanzvolle europäische Epoche mitbegründete. Händel hat hier, ehe er zu größerem Ruhme nach London entwich, seine Wassermusiken geschrieben, und Leibniz wandelte mit seiner Fürstin meditierend an den Grachten vorüber, zwischen Buchsbaumpyramiden und Taxushecken. Der Große Garten mit dem ältesten europäischen Gartentheater (1689–1693) erglänzt allsommerlich in akkurater Pracht. Vergoldete Bleifiguren, Nachbildungen antiker Kunstwerke, säumen auf Sandsteinsockeln die nach hinten trapezartig sich verjüngende Bühne. Auf den amphitheatralisch angelegten Treppen des Zuschauerrunds finden bei Theater- und Konzertaufführungen an regenfreien Sommerabenden tausend Besucher Platz. Das festliche Spiel zu erhöhen, springt auch die 82 m hohe Fontäne, alle Brunnen rauschen, und in den erleuchteten Hecken funkelt noch ein Nachglanz aus jenen längst vergangenen Jahren, als auf diesem Boden kostspielige Bälle und Redouten einander jagten und tamburinschwingende Bacchantinnen mit Trompeten und Pauken, Oboen und Dudelsäcken einen maßlosen Karneval feierten.

Aber in Hannovers Fluidum lebt es dennoch

irgendwie weiter, bleibt weiter existent wie das Jahrhundertalte, der Residenzcharakter, der Stil aus den Jahrzehnten der Personalunion Hannover–England. Der greise Goethe sagte einmal, daß der Mensch wohl daran täte, nicht nur dem Unwiederbringlichen nachzutrauern, sondern sich Rechenschaft zu geben, was ihm alles noch verblieben sei. Und das ist wahrlich noch genug und des Rühmens und Bewunderns wert. Zwar hat der Krieg den edlen, einzigartigen Renaissancebau des Leibnizhauses, wo Deutschlands universalster Denker bis 1716 wohnte, ebenso ausgelöscht wie die ehrwürdige «Alte Canzlei» in der Osterstraße, das wunderbare «Haus der Väter» in der Langen Laube und ganze Reihen alter Bürgerhäuser aus dem 16., 17. und 18. Jahrhundert, zu schweigen von den Trümmern des Leineschlosses und Laves' Opernhaus auf dem ehemaligen Windmühlenberg. Doch schon nach den ersten Wochen des Atemholens war man darangegangen, in einer glücklichen Mischung von Traditionstreue und Zukunftsplanung dem neuen Hannover Gestalt zu geben und an den Stadträndern vorbildliche Wohnsiedlungen anzulegen. Die Stadt zählt heute 520 000 Einwohner, der Großraum Hannover über 1 Million.

Das Fest ist aus – doch in anderer Weise wird es weitergefeiert. Nach dem langen Herrenhäuser Dornröschenschlaf ist das Volk aktiv einbezogen, wenn zu 60 000 Kerzen und Lampions Tanz- und Trachtengruppen, Fahnenschwinger und Hellebardiere einen neuen Klang in das großstädtische Bewußtsein tragen. An solchen Abenden bildet die fast 250 Jahre alte, vierreihige Allee der 1300 Linden zwischen Königsworther Platz und den Schloßanlagen eine ununterbrochene Wagenkette. Das alles harmonisiert durchaus auch mit Niedersachsens Wappentier, dem Sachsenroß vor dem alten Welfenschloß, der heutigen Technischen Universität. Aber wer denkt noch daran, daß die Personalunion Hannover-England den freiheitlichen Wind auch durch das Eldorado Herrenhausen wehen ließ, Reformgeist und Demokratie an den langsam morsch gewordenen dynastischen Säulen rüttelten? Kein Abschied von Herrenhausen, ohne der botanischen Versuchung des Berggartens gegenüber mit seinen exotischen Bäumen und dem Palmenhaus, den Orchideen, Kakteen und Succulenten in den Schauhäusern zu widerstehen. Jasminduft und Azaleenblüte und Fliederpracht – das ist noch immer eine gute Therapie gegen Traurigkeit und Lebensüberdruß. Und eine andere der Humor aus alten und unsern Tagen, an dem im Wilhelm-Busch-Museum im Georgengarten wahrlich kein Mangel ist.

Habe ich Gäste, so unterlasse ich kaum, sie zum Grab der Goethefreundin Charlotte Kestner, geb. Buff, auf dem Gartenfriedhof an der Marienstraße zu führen. Eine höchst merkwürdige Ruhestätte ist gleich neben der Kirche, weil eine Birke die Deckplatte abhob. Lange gesucht hat man nach Höltys Grab auf dem uralten Nikolaifriedhof, dem ältesten Hannovers, an der Goseriede. Wer des großen Leibniz Grab sucht, findet es in der Neustädter Kirche («Ossa Leibnitii»). À propos Kestner: Goethes Lotte war die Mutter jenes tüchtigen August, der das Kestner-Museum neben dem Rathaus begründete – vier Jahrtausende blicken uns dort hinter der wabenartigen Fensterfront an aus ägyptischen, antiken und mittelalterlichen Sammlungen. In dieser Symbiose von Althergebrachtem und Zukunftweisendem liegt der Reiz des verjüngten Hannovers. Seltsam unwirkliche Verzauberung, wenn man am modernen Kunstzentrum *Kubus* vom Glockenspiel der als Torso stehengebliebenen gotischen Aegidienkirche das große *Memento* erfährt. *1970*

HANS JÜRGEN BADEN

Es hält sich alles in Grenzen

In Hannover habe ich den Unterschied zwischen so geläufigen Begriffen wie «wohnen» und «einwohnen» verstehen gelernt. «Wohnen» kann etwas Zufälliges und Beiläufiges, Peripheres sein; man wohnt in der Stadt, da man hier arbeitet, man wechselt die Stadt mit dem Arbeitsplatz, ohne Trauer zu empfinden. Aber «einwohnen» bedeutet weit mehr: Der Einwohner hat, im Gegensatz zum rasch wechselnden Wohner, seine Wurzeln in den Boden gesenkt, er partizipiert auf eine geheimnisvolle Weise an einer Stadt, ihren Lebensgewohnheiten, ihrer Aura. Ich hoffe nicht zu übertreiben, wenn ich sage: Die unscheinbare Vorsilbe «ein» besitzt einen mystischen Beiklang; sie besagt das Innesein des Menschen in einer Bürgerschaft, einer Gemeinschaft. Der Einwohner kann sich nicht mehr beliebig aus dem Medium einer Stadt lösen, er wurde durch sie geprägt, bleibt ihr verhaftet – oft gegen seinen Willen.

Hannover besitzt solche Prägekraft in ausgesuchter Weise; diese Stadt stößt entweder sogleich ab, sie gestattet nur lustlos-interimistische Aufenthalte – oder sie verwandelt den wohner in einen Einwohner, der hinfort wenig Neigung zeigt, sich vom Fleck zu rühren.

Natürlich kann man einwenden, daß solcher Wandlung die Mentalität des Niedersachsen entgegenkäme – eine Mentalität, über welche so viel unliebenswürdige und abgegriffene Urteile kolportiert werden. Die Zähigkeit dieser Stadt, ihre Einwohner nicht wieder freizugeben, scheint in der mangelnden Beweglichkeit und Urbanität eben dieser Einwohner begründet.

Verhält es sich so?

Hannover, eine große Provinzstadt mit gelegentlichen City-Anflügen, ist das genaue Spiegelbild seines Bewohners. Der Hannoveraner liebt seine Stadt auf Grund dieses Spiegelverhältnisses; die Liebe ist unableitbar und rational schwer zu begründen. Alles (oder fast alles) an dieser Stadt wirkt gesund, klar, beständig, scheint an einen unsichtbaren Überlieferungsstrom angeschlossen und durch ihn gespeist. Auch die Architektur nach dem Wiederaufbau 1945 ordnet sich diesem Bilde ein: Sie ist kühn, aber kaum herausfordernd oder extravagant. Die Geschlossenheit des Stadtbildes verspricht Sicherheit, die Sicherheit kann sich zum Wohlbehagen steigern.

So läßt die Physiognomie der Stadt unmittelbare Rückschlüsse auf den Charakter ihrer Einwohner zu – jedenfalls der männlichen. Der

Hannoveraner zeigt klare, beständige, nüchterne Züge, er ist dem Abenteuer abhold und schirmt sich gelegentlich gegenüber Fremden mit einem Mißtrauen ab, das penetrant wirken kann. Doch trügt der erste Eindruck; läßt man es an Geduld nicht fehlen, so fällt diese steifleinene Reserviertheit überraschend, an ihrer Stelle zeigen sich Verläßlichkeit und Wohlwollen. Manche Zugereisten scheitern, weil sie sich zu solcher Geduld außerstande zeigen; sie brechen kurzerhand den Stab, ziehen mokante Vergleiche zu anderen Städten und dürfen sich nicht wundern, wenn sie darob in eine fast tödliche Isolierung geraten. Der Hannoveraner braucht fast in jedem Falle Zeit, um über seinen eigenen Schatten zu springen; mit einem gewissen Mangel an Charme und Spontaneität muß man sich bei ihm abfinden. Wer dazu bereit ist, wird auf eine menschliche Beständigkeit stoßen, die jeder stürmisch-unverbindlichen Anbiederung vorzuziehen ist.

Zweimal im Jahr freilich verleugnet der Hannoveraner sich selbst und läßt seine Maske überraschend fallen: beim Schützenfest und bei der Messe. Man hat das Hannoversche Schützenfest oft als Pendant des rheinischen Karnevals bezeichnet; dieser Vergleich besitzt nur begrenzte Berechtigung, denn zugleich werden hier die Unterschiede zur rheinischen Mentalität deutlich.

Höhepunkt dieses Schützenfestes ist kein diffuses Narrentreiben, sondern der Umzug durch die Stadt, bei dem es trotz aller Fröhlichkeit korrekt und wohlgeordnet zugeht. Zwar gibt es auch aus diesem Anlaß schulfrei, die Trauben schöner Mädchen, die in den Fenstern der Geschäftshäuser an der Georgstraße hängen, sparen nicht mit Kußhänden und Blumen; Scherzworte werden gewechselt – die Dankbarkeit der Schützen für Ovationen dieser oder ähnlicher Art ist unverkennbar. Aber es bleibt eben doch ein Marsch, grün und exakt; die Schützen verstehen sich aufs Uniformtragen, die Ketten und Orden, welche bei jedem Schritt klingeln, schaffen Distanz. In diesem Zuge marschieren auch Frauen mit, die Schützenschwestern: Sie sind ebenfalls grün kostümiert, mit passenden Hüten, auch sie erweisen sich dekoriert (freilich nicht so überschwenglich wie die Männer). Im übrigen müssen sie während des Umzuges, der Marschordnung zuliebe, das Licht ihrer Weiblichkeit noch ein wenig unter den Scheffel stellen; dies fällt fort, wenn das eigentliche Fest in den Zelten auf dem Schützenplatz beginnt.

Man hat oft Mühe, den Hannoveraner unter solchen Umständen wiederzuerkennen. Er zeigt sich von einer schwerblütigen, barocken Ausgelassenheit, alle Abstände sind wie fortgewischt. Aber der Lärm entbehrt niemals der Behaglichkeit, die sich vor allem dort einstellt, wo die Feiernden wieder in den heimischen Dialekt verfallen, in breitem entenflügeligem Platt Pointen austauschend. Getrunken wird fast ausschließlich Bier und Kornschnaps, am besten beides zusammen; jedoch gehört einige Übung dazu, mit einer Hand gleichzeitig das Bierglas sowie das Schnapsglas zu beherrschen und die sogenannte Lüttje Lage zu zelebrieren ...

Das Ereignis der Messe ist von völlig anderer Art. Die Landstadt tritt zurück, sie wandelt sich zur Metropole – zur technischen Metropole des Westens. Das Gesicht der Stadt erinnert jetzt ein wenig an dasjenige einer Frau, die sich überstark schminkt: Die natürlichen Züge sind überdeckt, die Physiognomie wirkt hart, grell, verfremdet. Man trägt, wenn ich so sagen soll, Urbanität, man gefällt sich in Weltläufigkeit. Man spricht ausschließlich von Geschäften, tätigt Geschäfte, die Preise klettern, die Lokale sind überfüllt, durch die Straßen schiebt sich ein träger, niemals abreißender Strom von Automobilen. In diesen zehn Tagen regiert der Gott Merkur, goldglänzend, listig, flügelbewehrt, die Stadt, und es gibt wenige Hannoveraner, die sich seiner Magie zu entziehen vermögen.

Ich verkenne nicht, was der Hannoveraner der Messe verdankt: den raschen und großzügigen Aufbau seiner Stadt, zugleich deren Aufstieg, wirtschaftliche Blüte und Prosperität. Aber er zahlt dafür jährlich eine gute Woche mit dem Opfer – oder formulieren wir es behutsamer: mit der vorübergehenden Leugnung seines Wesens. Er empfindet dies selbst und freut sich, wenn die hektische Dekade überstanden ist, wenn der Verkehr sich entzerrt, das Leben sich normalisiert, das ursprüngliche und vertraute Gesicht der Stadt wieder deutlich zum Vorschein kommt.

Aus mancherlei Gründen scheint es geboten, die Hannoveranerin gesondert zu betrachten. Die Hannoveranerin kann, auch wenn man von allen natürlichen Unterschieden absieht, nicht auf den Nenner des zugehörigen Mannes gebracht werden: Indem ich dies ausspreche, befleißige ich mich nicht der Courtoisie, sondern der Wahrhaftigkeit.

Die Hannoveranerin besitzt einen Ruf weit über ihre Stadt hinaus; ich wunderte mich nicht, bei Reisen immer wieder auf sie angesprochen zu werden und sie auf vielfältige Weise gerühmt zu hören. Dabei entfielen jene Vorwürfe, die ständig gegen den Mann – aus Unkenntnis und mangelnder Geduld, wir wissen es jetzt! – erhoben werden. Mit der Hannoveranerin war man in einer voraussetzungslosen, fast schwärmerischen Weise einverstanden; man schätzte sie als ein Wesen sui generis, und man war, des Näheren befragt, sogleich erbötig, ihre Anziehungskraft zu kommentieren.

Ich versuche, einige dieser Urteile hier zusammenzutragen; ich hoffe, daß das hübsche, differenzierte Mosaik, welches so entsteht, durch eigene Erfahrung bestätigt wird.

Während man also beim Manne eine gewisse Eintönigkeit und Nüchternheit, einen Mangel an Phantasie nicht glaubte verschweigen zu dürfen, war man bei der Hannoveranerin – ich beginne beim Äußeren – durch die Eleganz ihrer Erscheinung frappiert. Man rühmte ihre Gepflegtheit und modische Selbstsicherheit, verbunden mit einer angeborenen Diskretion in diesen Dingen. Die niedersächsische Zurückhaltung, meinte man bemerkt zu haben, erweise sich gerade hier als ausgesprochener Vorzug: Sie hindere die Frau daran, in einer Art auf ihre Wirkung bedacht zu sein, welche die Natürlichkeit beeinträchtigt. So halte sich auch die Koketterie in Grenzen, sie berge sich hinter einer gewissen Kühle und sorgfältig dosierten Verhaltenheit – und eben diese Legierung des Widersprüchlichen übe einen besonderen Zauber aus. Die Hannoveranerin, so sagte man mir, sei sich wohl ihrer kosmetischen Pflichten bewußt, aber sie gerate selten in Versuchung, zu übertreiben und das Gesicht zur Maske zu entstellen. Man wies mich darauf hin, daß man in den Straßen unserer Stadt einer

Vielzahl gutgewachsener Mädchen begegne, die, äußerst salopp mit Hosen und hängenden Pullovern bekleidet, offenbar des Make-up überhaupt nicht bedürftig und trotzdem (oder gerade deswegen) von ungewöhnlicher Attraktion seien.

Zum inneren Erscheinungsbild der Hannoveranerin äußerte man etwa folgendes: Die Hannoveranerin ist auf keinen bestimmten Typ festgelegt; sie zeigt sich auf Grund ihrer komplexen Anlage imstande, in sehr verschiedene Schicksale einzutreten und sich zu bewähren. Freilich bleibt sie weitgehend von der Initiative des Mannes abhängig; sie ist, wenn sie in die rechten Hände gerät, zu Außerordentlichem geschickt – auf der anderen Seite gewinnt sie dort, wo sie sich der Mittelmäßigkeit verbindet, leicht provinzielles Gepräge. Die Hannoveranerin tritt also nicht, wie Frauen anderer Landschaften, sogleich mit der Fülle ihres Temperamentes, ihrer Begabung und Eigenwilligkeit auf die Szene; sie wartet, fast reserviert, auf das Stichwort: Das Stichwort entscheidet ihr Schicksal.

KURT SCHWITTERS

Straßenbahn

Ja, was soll man über diesen Klapperkasten schreiben? Sie alle kennen das bekannte Verschen:

Sie winkt ihm,
Er hält um sie an,
Sie gibt ihm ihr Geld,
Und er läßt sie sitzen.

Ja, das ist die Straßenbahn. Sie kennen das Tier ja alle: klingelt freundlich und fährt seinen vorgeschriebenen Weg. Nicht um ein Haar ist es von seinen einmal gefaßten Prinzipien abzubringen. Es fährt eigensinnig in den Schienen, ob Sie nun einmal darauf stehen oder nicht. Schließlich kann doch auch mal wer anders auf den Schienen gehen! Aber probieren Sie es einmal, ich weiß, was Ihnen dann blüht: das Tier wird fürchterlich läuten, der Führer wird grausam schimpfen, und wenn Sie dann nicht fortgehen, werden Sie einfach überfahren. So ist das Leben. Hunde werden prinzipiell überfahren, und wenn die Stadt größer ist, jeden Tag auch ein Mensch. Aber das ist nicht der Zweck der Straßenbahn im allgemeinen. Ich selbst bin ja noch so hinten herum mit der Straßenbahn verwandt. Ich habe einen Nennonkel, und dem seine Frau hat einen Schwager, dessen Onkel der Großvater von einem Freunde eines Straßenbahnschaffners ist. Den kenne ich ganz genau, der ruft immer: «Freitigeibel Schroosséé» und «A-eegidderriggerentoor-platz». Weil er es immer so eilig hat. Mit dem sind übrigens alle verwandt, und jedem lächelt er freundlich zu.

Da bin ich schon immer frei gefahren. Wissen Sie, das ist bei der Straßenbahn das Allerreizvollste, frei zu fahren. Man legt sich die paar Groschen gern zurück und kann sich dann im Sommer eine Badereise gestatten. Aber man muß es richtig anfangen. Es ist nämlich ebenso schwer, wie es reizvoll ist. Aber ich kenne eine Menge von Tricks. Früher, als ich Anfänger war, sah ich weg, wenn der Schaffner fragte: «Ist hier noch jemand ohne Fahrschein?» Dann kam er immer zu mir und sagte: «Junger Mann, hier ist kein Asyl für Obdachlose!» Jetzt sehe ich ihn fest an, direkt in die Augen, dann sieht er weg. Dann denkt er natürlich, ich hätte schon ein Biljett. Denn wann man einsteigt, sehen Schaffner nie, höchstens wann man aussteigt.

Da saß mir gegenüber einmal ein entzückendes Mädchen, die hatte sofort bezahlt und ihren Fahrschein immer schön in der Hand gehalten, wie sich das so gehört. Und nun wollte sie aussteigen und wurde schon ganz unruhig. Denn wo sollte sie ihren alten Fahrschein lassen? Taschen haben Fräuleins nur zuweilen im Unterrock, und das tut man nicht. Auf die Straße konnte sie ihn nicht werfen, weil jemand darauf ausgleiten könnte. In den Wagen darf sie ihn nicht werfen, weil sich sonst der Schaffner bükken muß. Da nestelte sie schüchtern neben ihrem Kleid herum und legte verschämt den Fahrschein neben sich auf den Sitz, dann stieg sie aus, als ob nichts passiert wäre. Der Schaffner aber rief sie von draußen zurück, indem er sagte: «Sie haben was vergessen, Fräuleinchen.» Neugierig kam sie eiligst wieder in den Wagen, da lag der Fahrschein. Alle Leute lachten, und das wirklich nette Fräulein wurde ganz rot vor Scham und nahm eilig den Fahrschein mit nach draußen. Ich hätte den Schaffner ohrfeigen können. Erst bezahlt man für den schäbigen Fetzen sein teures Geld, und dann muß man ihn auch noch mit nach draußen nehmen. Da habe ich mir geschworen: «Du kaufst dir nie mehr einen Fahrschein, niemals!»

Aber derselbe Trick funktioniert nicht bei allen Schaffnern. Dann habe ich andere. Ich lese zum Beispiel. Das verschafft mir eine Atmosphäre der Abgeschlossenheit, daß kein Schaffner es wagt, mich anzureden. Der Schaffner denkt: «Wer so lesen kann, der hat bezahlt.» Oft nehme ich auch 15 Pfennige in die Hand aufs Knie, und dann schaue ich zum Fenster hinaus. Kommt der Schaffner, so sage ich: «Da draußen ist ein Pferd gestürzt.» Dann ist der Schaffner so verblüfft, weil es doch keine Pferde mehr gibt, daß er sucht, wo ich denn wohl das gestürzte Pferd gesehen haben könnte. Inzwischen aber vergißt er, daß ich noch nicht bezahlt habe. Denn wie kann er bei den vielen Menschen jeden einzelnen behalten. Manchmal muß ich mich dann die ganze Strecke mit dem Schaffner unterhalten, denn sonst fällt es ihm doch zum Schluß noch ein. Funktionieren aber alle diese Mittel nicht, so ziehe ich zum Schluß meine Börse und gebe einen Hundertmarkschein hin. Dann kann der Schaffner nie wechseln. Dann sagt er, ich müßte zahlen oder aussteigen. «Ich will ja zahlen», sage ich, «kann ich etwa darunter leiden, daß Sie nicht lumpige hundert Mark wechseln können?» Bei diesem Trick muß man sich nur hüten, daß der Wagen nicht an einem Bankgeschäft oder am Straßenbahndepot vorbeikommt. Sonst ist der Schaffner imstande, halten zu lassen und den Schein zu wechseln. In diesem Falle aber ärgere ich den Schaffner, indem ich hinterher aus meiner Westentasche 15 Pfennige einzeln herausnehme, die ich zu diesem Zwecke immer bei mir trage, und ihm als Trinkgeld anbiete. Natürlich ist er dann so verärgert, daß er kein Trinkgeld annimmt. Da hat sich damals der ganze Wagen aufgeregt, ich meine natürlich die Fahrgäste. Ich habe die ganze Fahrt durch mit meinem Hundertmarkschein den ganzen Wagen gut unterhalten. Und der Schaffner sagte: «Das sind immer dieselben!» Was der gemeint hat, weiß ich heute noch nicht. Kommt nun aber der Kontrolleur, und ich habe keinen Fahrschein, dann rufe ich: «Kurzschluß!» und renne wie besessen nach hinten. Dann steht natürlich alles auf, manche verlieren ihren Fahrschein, und ich erkläre draußen, ich hätte mich wohl geirrt. Indem ich nun wieder auf meinen Platz gehe, nehme ich den ersten besten verlorenen Fahrschein. Finde ich aber keinen, so schadet es auch nichts, denn dann bin ich nicht der einzige Fahrgast ohne Fahrschein.

Aber einmal kam wieder derselbe Kontrolleur, der sieht immer so grimmig aus. Der hätte sicher Argwohn geschöpft, wenn ich wieder «Kurzschluß» gerufen hätte; da habe ich aus Versehen meiner Nachbarin meine Zigarette so tief in die Hand gebrannt, daß die furchtbar aufgeschrien hat. Ich habe mich natürlich vielmals entschuldigt und bin abgesprungen, indem ich getan habe, als ob es mir außerordentlich peinlich gewesen wäre. Man muß nur ablenken im Leben, der Taschenspieler tut es ja auch, und der kluge Diplomat hat es vom Taschenspieler gelernt. Oder meinen Sie etwa, daß der wirklich zaubern könnte? Machen Sie doch keine Pferde scheu! Übrigens reizt mich immer die Straßenbahn zum Philosophieren. Ich habe auf diese Weise denn auch 10 Lebensweisheiten der Straßenbahn geschrieben. Sie lauten:

1) Manche Leute fahren bloß im Anhängewagen des Lebens.

2) Aber da darf geraucht werden.

3) Damen rauchen sehr gern, aber sie fahren nie im Anhängewagen des Lebens.

4) Damen rauchen meist zu Hause, nicht in der Straßenbahn.

5) Es ist den Damen peinlich, den kalten Rauch der Herren einatmen zu müssen, die sie nicht lieben.

6) Herren lieben zu Hause und rauchen unterwegs, auch im Anhängewagen der Straßenbahn.

7) Man ruht sich beim Rauchen von seiner Arbeit aus, wenn man welche hat.

8) Die Anhängewagen des Lebens sind nicht so fein wie die Triebwagen.

9) Die Damen sitzen ebenso gern im Triebwagen des Lebens wie die Herren im Anhängewagen.

10) An der Endstation halten gleichzeitig die Anhängewagen und die Triebwagen des Lebens, und alle müssen aussteigen.

A propos Endstation: In Dresden heißt das Endh. Das heißt Endhaltestelle. Ich hatte mal eine Freundin, und die wollte nicht eine von vielen sein. Das war in der Straßenbahn. Mein Blick fiel auf das Wort Endh., und ich beruhigte sie, sie wäre zwar nicht die erste in Dresden, aber dafür meine Endhaltestelle. Nun können die Sachsen doch D und T nicht unterscheiden. Wenn doch Endstation da gestanden hätte, dann hätte ich eine Backpfeife weniger und eine Freundin mehr. Aber das nur nebenbei. Man kommt übrigens nie mit der Straßenbahn dorthin, wo man hinwill. Das nennt man Umsteiger. Umsteiger sind teurer als die einfachen Fahrkarten. Man wird dafür bestraft, daß die Straßenbahn verkehrt fährt.

Aber im Laufe der Zeit ändert sich vieles. Bei uns in Hannover kostete vor dem Kriege eine einfache Fahrt 10 Pfennig, der Umsteiger 15. Jetzt wird die Strafe von 5 Pfennigen schon bei der einfachen Fahrt erhoben, jetzt wird das Umsteigen nicht besonders bezahlt. Im Gegenteil können Sie beim Umsteigen noch ganz nett einige Besorgungen in der Stadt machen. Es gibt Leute, die immer nur Umsteiger verlangen. Dann erhalten sie ein heiles Biljett und können am A-eegidderiggentoor-platz noch einem Kinde eine Freude damit machen. Übrigens ist bei uns in Hannover alles Umsteiger. Es gibt wenige Städte, in denen die Straßenbahn noch ungünstiger fährt. An manchen Stellen fahren die

Bahnen drei- bis fünffach, während ganze Viertel ohne Straßenbahn sind. Die Gegend Stolzestraße ist mit der Straßenbahn unerreichbar. Von einem Vorort aus fährt die Straßenbahn prinzipiell immer in die gleiche Gegend, wenn auch 5 verschiedene Nummern verkehren. Von uns aus, Haltestelle Döhrener Turm, fahren die 5 Linien zum Beispiel nur nach Hainholz, Fahrenwald und Limmer. Man fährt aber meistens in die Gegend Listerstraße. Besonders aber fährt keine einzige von den 5 Straßenbahnen am Bahnhof vorbei. Ich frage mich, wenn ich reisen will, immer: «Weshalb haben es einige Menschen besser als andere?» Die Einwohner von Buchholz, Linden, Kleefeld können mit ihren Koffern mit der Straßenbahn zum Bahnhof fahren, wir Waldhäuser müssen bei Kröpke aussteigen und den Koffer die lange Bahnhofstraße tragen. Ließe sich nicht eine Strecke von den 5 über Prinzenstraße zum Bahnhof verlegen? Dadurch würde der Platz bei Kröpke entlastet, und wir Waldhäuser könnten auch einmal zum Bahnhof fahren.

HANS J. TOLL

Der Samariter mit dem Kümmel

Am Giebel des hannoverschen Opernhauses ist in nobler Antiqua in den Stein gemetzt und weithin zu lesen, daß König Ernst August dieses Bauwerk im Jahre 1845 errichtete als eine Stätte, der Kunst und den Musen zu huldigen. In der ehernen Sprache der Römer steht es ja: ERNESTUS AUGUSTUS REX CONDIDIT ARTI ET MUSIS. Dahinter die Jahreszahl: MDCCCXXXXV.

Das ist eine feierliche Inschrift an einem erhabenen Gebäude von edlen klassizistischen Formen, das dem Hannoveraner überdies besonders am Herzen liegt, denn es ist das schönste Werk, das der große Baumeister Laves in der Stadt baute. Doch alles das hat die Hannoveraner nicht daran gehindert, ihren Spaß an dem lapidaren Latein zu haben.

Der Volksmund machte sich seinen eigenen Vers daraus. Condidit (gründete) bog man sich in «konditionieren» zurecht, was früher soviel wie «in Stellung sein» bedeutete; auch arti und musis legte man auf eigene Weise aus, und so gab man dem ganzen Latein einen hübschen Sinn, indem man übersetzte: König Ernst August konditionierte bei der Artillerie als Musiker.

Eine solche Auslegung des hehren Textes ist ein Beispiel für die versteckte, im Hintergrund kichernde, sich eins ins Fäustchen lachende Art des hannoverschen Humors. Pointierte Schlagfertigkeit ist weniger sein Merkmal, er neigt mehr dazu, an den Dingen herumzuspintisieren und dabei die weichen Stellen auszutüfteln, wo sich der Nagel einschlagen läßt. Daran liegt es dann, daß der hannoversche Humor oft sozusagen um ein paar Ecken kommt. Er ist nicht immer mit einer in die Augen springenden Pointe garniert, er liegt nicht immer auf dem Präsentierteller. Man muß ihm erst auf die Sprünge kommen.

Die Sache mit Ernst August als Musiker bei der Artillerie gibt ihren schabernackischen Humor auch erst ganz preis, wenn man ihr hinter den Zaun guckt. Das heißt, man muß sich vorstellen, daß dieser König, der ja sehr ordentlich zu Pferde saß – wie noch heute an seinem Denkmal vor dem Bahnhof zu erkennen – und der auch sonst die Zügel gern straff und kurz hielt, als Musiker selbst bei der geräuschvollen Artillerie denselben Eindruck gemacht hätte wie eine Pauke im Streichorchester.

Die Neigung, aus Freude am Spaß sich etwas auszutüfteln, spricht aus dem Wort, das der Hannoveraner parat hat, wenn ihm ein Kaffee vorgesetzt wird, bei dem man bis auf den tiefsten Grund der Tasse sehen kann. Die Sachsen nennen so etwas Bliemchen, und das ist ein klarer Fall, auch was des Wortes Sinn und Bedeutung angeht: Es ist ein Immerhin-Kaffee, durch den hindurch man das auf den Boden der Tasse gemalte Blümchen erblickt. In Hannover heißt ein so schmählich durchsichtiges Getränk Klapörtchenwasser. Ein tiefsinniges Wort, das sich nicht leicht und schnell durchschauen läßt.

Von Klapörtchen muß man zunächst einmal wissen, daß es aus dem Französischen kommt, von la porte, die Tür. Von einem, der die Gemütlichkeit stört, indem er dauernd hinausgeht und wieder hereinkommt, jedesmal die Tür bewegend, sagt der Hannoveraner, er pörtcht, besser noch: er klapörtcht, weil notabene die Tür ja klappt. Ein Kaffee nun, dessen Wirkung darin besteht, daß man nach gehabtem Genuß anhaltend hinaus muß, ein solcher Kaffee ist auf hannoversch logischerweise Klapörtchenwasser.

Zu dieser Art von hintergründigem Humor paßt weniger lautes Gelächter als stillvergnügtes Schmunzeln. Dazu gehört nicht so sehr, daß man sich schallend auf die Schenkel schlägt, sondern mehr, daß man verschmitzt mit den Augen plinkert. Wie es gewesen sein mag, als man seinerzeit einen nicht sonderlich beliebten Herrn der städtischen Obrigkeit zu Grabe trug.

Das war zu der Zeit, als der Stadt noch die

Gerichtsbarkeit über die Bürger zustand, etwa um das Jahr 1790. Dazumal waltete auf dem Rathaus ein Mann des Richteramtes, der nicht lange fackelte und streng und schnell bereit war, jemanden «ins Loch» zu stecken, in das Gewahrsam im Hof des Rathauses. Meldeten sich die Malefikanten noch zum Wort, vielleicht um Einspruch zu erheben, vielleicht um auf gewisse mildernde Umstände hinzuweisen, dann pflegte der Mann auf dem Richterstuhl diese lästige Verzögerung kurz mit sechs Wörtern abzutun. Die sechs Wörter waren: «Ins Loch, wie gesagt, ins Loch.»

Besagter Mann starb, und der Würde des Amtes entsprechend, das er bei Lebzeiten bekleidet hatte, gab man ihm ein feierliches letztes Geleit. Der Trauerzug nahm gemessenen Schritts seinen Weg durch die Straßen, und ein Raunen und Flüstern begleitete ihn und folgte ihm. «Ins Loch, wie gesagt, ins Loch», murmelte das Volk.

In seinem Erinnerungsbuch *Grüne Zweige* erzählt Friedrich Georg Jünger von den Kaffeekränzchen der Großmutter, wie er sie in seinen jungen hannoverschen Jahren kennenlernte. Er schreibt von den Zusammenkünften der Damen mit den Kapotthütchen: «Trockener Witz war das belebende Element der Unterhaltung. Das war ein Witz, der etwas aussparte; er lag in einer Sparsamkeit des Wortes, dessen eigentümliches niedersächsisches Wesen sich schwer wiedergeben läßt.»

Vielleicht kommt dieser sparsamen Art, die den Schelm im Nacken hat, die folgende Begebenheit nahe: In der Innenstadt fährt ein beträchtliches Auto an den Bürgersteig, der Fahrer guckt heraus und redet einen Vorbeigehenden an, ob er ihm sagen könne, wo es nach dem Finanzamt am Waterlooplatz gehe. Der Fußgänger wirft einen langen, hochachtungsvollen, abschätzenden Blick auf den großartigen Wagen und sagt dann nachdenklich: «Jäö – ich an Ihrer Sztelle würde däo gäör nicht hinfäöhren.»

Und noch ein auf der Straße gesammeltes Beispiel hannoverschen Humors: Ein Hund von unbeschreiblicher Machart war dabei, hinterrücks einen hübschen kleinen Schmuckplatz mit den Zeugnissen einer guten Verdauung zu verschandeln. Ein Mann kam vorbei, ergrimmte ob des «infamigten» Tuns und hielt damit nicht hinter dem Berge. Er gab der Eigentümerin des Hundes, die dem Treiben des Tieres gleichmütig zusah, unzweideutig zu verstehen, daß hier eine Schweinerei vorliege. «Schwaaneraa», sagte der Mann streng hannoversch.

Die Dame erwiderte pikiert einiges des Inhalts, daß ein Hund ja schließlich auch, nicht? – und man könne ja Drahtgitter um den Platz ziehen. Diese Anregung mißfiel dem Mann ganz und gar. Wie aus der Pistole geschossen kam seine grollende Antwort: «Machen Sie doch das Gitter hinten an Ihren Teben.»

Wozu erstens zu bemerken ist, daß Tebe ein urhannoversches Wort für zweifelhafte Hunde ist – Mehrzahl: die Tebens –, und zweitens, daß der hannoversche Humor auch die geballte Brillanz des Knalleffektes kennt, die aus dem Moment herausgeschossene Schlagfertigkeit.

Aber wer ehrlich sein will, und wer wollte das nicht, muß gestehen, daß das raketenhaft aufsteigende Glanzlicht weniger die Stärke des hannoverschen Humors ist. Ihm liegt es mehr, über Menschen und Dinge lustig und listig zu sinnieren, bevor er sich an ihnen ausläßt. Dabei schmuggelt er gern einen Spaß auch in das Feierliche und bringt es damit – das ist der Witz – aus der Sphäre des Erhabenen auf die Plattform gemütlicher Umgänglichkeit. Der König Ernst August, der bei der Artillerie als Musiker in Stellung war, ist ein Beispiel dafür; ein anderes hängt am Krankenhaus Linden.

Es ist das Relief, das ursprünglich über dem Eingang des Krankenhauses zu sehen war, dann aber an seiner Gartenfront angebracht wurde. Auf dem Relief ist sinnigerweise der barmherzige Samariter zu erblicken, wie er dem Menschen hilft, der unter die Räuber gefallen ist – «und pflegte sein», wie geschrieben steht. Gewiß ein passendes Motiv für ein Krankenhaus.

Auf dem Relief ist der biblische Mann aus Samaria dabei, den Armen mit einem Trank zu laben. Er hält ihm den Krug vor die Lippen. Auf dem Krug steht: Kümmel.

Daß der barmherzige Samariter dem Geschlagenen zunächst einmal einen Schnaps einflößt, ausgerechnet einen Kümmel, den es in jener fernen Zeit vermutlich noch nicht gab, und der, wenn es ihn damals und dort gegeben hätte, doch wohl hebräisch geschrieben werden müßte – das ist nicht einfach eine Schnapsidee und nicht der ganze «Humor von der Sache». Der steckt wieder einmal tiefer, der fängt eigentlich erst an. Nämlich:

Der Bildhauer, der das Relief schuf, war Hannoveraner, lebte von 1810 bis 1855 und war ein Schüler des zeitweise über alle Maßen gerühmten Thorwaldsen, der große Stücke auf ihn hielt – die Stadt Hannover könne stolz auf diesen ihren Sohn sein, hat er gesagt. Der Sohn aber hieß Kümmel, Heinrich Kümmel.

Da liegt der Hund im Pfeffer und der Hase begraben. Anstatt, wie es Brauch ist, den Künstlernamen in eine Ecke des Werks zu setzen, plazierte Kümmel ihn auf den Krug und foppte auf diese eulenspiegelhafte Weise den feierlich gestimmten Betrachter. Foppt ihn bis auf den heutigen Tag.

Eine nachdenkliche Art und einen scharfen Blick für die Realitäten entwickelte der hannoversche Humor auch, wenn es darum ging, Wörter fremden Ursprungs für den heimischen Gebrauch mundgerecht zu machen. Aus einem Bowling-green, was einmal ein rundes Rasenstück bedeutete, wurde Bullengrün – weil Bullen darauf weiden könnten. Aus question, sprich kwestschen, englisch «Frage», wurde quetschenieren – weil man ja in der Tat einen Menschen mit Fragen förmlich ausquetschen kann. Und aus Kandelaber wurde Kandelatüchte – weil er ja schließlich auch nicht mehr ist als eine aufgedonnerte Latüchte oder Laterne, der vornehme Kandelaber.

Solche Vornehmtuerei nimmt der hannoversche Humor überhaupt gern aufs Korn. Aus der Mitte des vorigen Jahrhunderts ist die Karikatur eines Unbekannten erhalten geblieben, die sich «Hauptvergnügen beim hannoverschen Schießen», also beim Schützenfest, nennt. Sie zeigt aber nichts von dem ausgelassenen Jubel und Trubel, der zu einem Volksfest gehört, sondern eine Menge Leute, die sich fein gemacht haben und denen zu ihrem Vergnügen nichts anderes einfällt, als dichtgedrängt im Kreise zu promenieren.

In eine ähnliche Kerbe hieb jener Lohndiener, der in der Napoleonszeit, während der Okkupation 1805, auf einer Gesellschaft französischer Offiziere servierte und sich mit einem Satz von sieben Wörtern zum namenlosen Helden einer der bekanntesten hannoverschen Anekdoten machte. Auf der Gesellschaft waren auch Damen zugegen, die nicht unbedingt Anspruch darauf erheben konnten, Damen zu sein. Eine machte ganz auf fein und französisch und sprach den Diener an: «Donnez-moi une cuiller.» Er sollte ihr für die Suppe einen Löffel geben. Der Diener aber hatte nichts im Sinn mit diesem unangebrachten vornehmtuenden Gehabe und murrte: «Sei kann ook mit dä Furschetten fräten.» Sie könnte auch mit der Gabel fressen.

Manche hannoverschen Anekdoten sind nicht typisch hannoversch, sie behandeln «Wandermotive», die auch in anderen Städten zu Hause sind, von Fall zu Fall in die gehörige Mundart gebracht. So diese Geschichte vom Senior Bödeker, der bis zu seinem Tode 1875 jahrzehntelang Pastor an der Marktkirche war. Bödeker sah, wie ein kleiner Junge sich vergeblich mühte, den Klingelzug an einer Haustür zu erreichen. Bödeker in seiner Güte trat heran, um ein hilfreiches Werk zu tun, er klingelte. Darauf der Junge: «Nun mött wie aber loopen, Herr Pastor.»

Diese Anekdote wird auch anderswo von anderen erzählt, aber das ändert nichts daran, daß

Hermann Wilhelm Bödeker ein hannoversches Original war. Originell waren seine ideenreichen Methoden, für seine ausgedehnte Wohltätigkeit die Mittel zusammenzufechten – «Reichsfechtmeister» hieß er. Originell waren auch manche seiner Gründungen, zu denen der «Norddeutsche Morgenpromenaden-Beförderungsverein» gehörte, eine Vereinigung von Männern, die sich jeden Morgen zu einem Waldspaziergang zusammenfanden. Und originell war auch Bödekers Art, mit Leuten umzugehen.

Einmal kam eine Frau zu ihm, der das Gewissen schlug, weil sie ihrem Seligen zur Bestattung ein klateriges Hemd angezogen hatte, eines, das hinten zerrissen war. Sie machte sich reuevolle Gedanken, wie der Verblichene in einem solchen Hemd wohl im Himmel zurechtkäme. Bödeker tröstete: «Och, Ihr Mann war ein kluger Kerl, der weiß sich zu helfen, der schassiert sicher an der Wand lang.»

Behäbig breitbeinig steht der Humor in den Döneken, die Wilhelm Henze erzählt hat. Er war kein gebürtiger Hannoveraner, er war ein Schuhmacherssohn aus Einbeck, hat dann aber viele Jahre in Hannover gelebt und ist hier zu einem Original geworden, dem die Stadt im Alter einen Ehrensold zahlte und dem sie am Ende ein Ehrenbegräbnis auf dem Stöckener Friedhof richtete.

Die Situationskomik in den Schwänken, die Henze im Calenberger Platt zum besten gab, ist ein bißchen dick aufgetragen, aber sie wird nicht mit wieherndem Gelächter ausgenutzt, sondern mehr mit dem ortsüblichen behaglichen Schmunzeln ausgekostet, mit dem augenplinkernden Kopfschütteln, das aus der Freude am Schabernack kommt und aus der die Tatsachen gelassen zur Kenntnis nehmenden Feststellung: Sau suihste ut! Wat sei alles maket! Eck segge man bloß.

Aber dieser Spaß weiß auch, mit kurzem Schlag die Achillesfersen zu treffen. So zum Beispiel: «Ja, et maket Spaß bee dei Militärsoldaten. Man mott et bloß iutholen können!»

Es ist schwer, kurz zusammenzufassen, was den Humor der Menschen einer Landschaft oder einer Stadt ausmacht, und damit zugleich etwas über die Sinnesart dieser Menschen zu sagen. Henze kommt, was Hannover und Umgebung angeht, der Sache vielleicht nahe, wenn er sagt: «Slau mott'n seen, klauk sind veele Luie.» Was nicht halb so nett klingt, wenn man es auf Hochdeutsch sagt: Schlau muß man sein, klug sind viele Leute. Darin steckt die abwartende Verschmitztheit, die den Menschen und Dingen gemächlich hinter die Schliche kommt und sie gemütlich und gelassen konstatiert, sich jedoch nicht gleich etwas merken läßt. Die still dabei sitzt, es aber dick hinter den Ohren hat. Wo man es auf den ersten Blick nicht vermutet und nicht sogleich zu sehen bekommt. Vielleicht kriegt man das Eigentümliche des hannoversch-niedersächsischen Humors am ehesten zu fassen, wenn man bedenkt, was er auf das allenthalben bekannte Goethe-Zitat zu sagen hat, das auch als schwäbischer Gruß und im Bayerischen als Einladung auf die Kirchweih bezeichnet wird. «Mir kann keener», sagt der Berliner. Und der Hamburger: «Mi kunnt'se all!» Der Hannoveraner läßt gefaßt die Seltsamkeit von Welt und Leben und die Wunderlichkeit menschlichen Getues und Gehabes gelten und stellt für seine Person gelassen fest, daß er sich aus dem Vorgang nichts macht: «Eck maak' er meck nix iut!»

AADJE ZISENIUS

Schulaufsatz über die Aalenriede

Die Aalenriede ist ein Wald, weswegen darin auch Bäume sind. Das mehrste sind Buchen, wenn nicht, dann Fuhren, wenn nicht, dann Eichen, wenn nicht, was anders, z. B. Birken.

Im Wald ist der Förster. Der ist grün. Deswegen ist es verboten, von den Wegen zu gehn, weil Vater sonst Strafe bezahlen muß.

In der Aalenriede war früher Hahnebut. Das war ein Räuber. Er saß auf der Steinbank vor dem Zologen und wartete auf die Leute, die daraus kamen, und schoß sie, bis sie tot waren. Das Geld aber behielt er selbst, bis er geköpft wurde. Seitdem gibt es keine Räuber in der Aalenriede mehr. Weil Hahnebut keine Frau hatte. Auch Automobile gibt es in der Aalenriede nicht.

Einmal haben wir in der Aalenriede ein Reh gesehen. Das lief wege. Und einen Hasen. Der lief auch wege. Und ein Karnickel. Das lief auch wege. Und einen Maulwurf. Der lief nicht wege. Weil er tot war. Aber er stank schon.

Die Aalenriede ist sehr groß. Deswegen sind viele Wirtschaften drin. Damit man da was kriegen kann, Bier oder Milch oder Kaffee und was dazu. Je feiner die Wirtschaft ist, je kleiner sind die Portionen, und je teurer.

Am schönsten ist es Pfingsten in der Aalenriede. Wir gehen dann nüchtern los und nehmen uns was mit. Vorgten Pfingsten haben wir einen betrunkenen Radfahrer gesehen. Der konnte nicht 'rauf. Dabei schlug er sich die Nase blutig. Das war fein.

In der Aalenriede sind viele Nistekästen. Da

hecken die Spatzen in. Einmal haben wir einen gefangen und mitgenommen. Der war noch nackicht. Den haben wir immer gefüttert, bis er tot war.

In der Aalenriede ist der Schiffgraben. Da sind Kuhlpietschen inne und Stecherlinge. Manchmal auch nicht. Mein großer Bruder holt immer welche und verkauft sie an andere Jungens. Für das Geld holt er sich Zigaretten. Er hat mir eine gegeben. Da mußte ich ins Bett.

In der Aalenriede wachsen Bickbeeren. Die werden nicht reif. Weil man sie nicht reif werden läßt. Sonst wächst da nichts Vernünftiges. Aber abreißen darf man es doch nicht.

In der Aalenriede ist ein Haus, da gibt es Milch. Wenn man Geld hat. Gegenüber ist noch ein Haus. Da gibt es keine Milch. Weil es eine Retirade ist.

Weiter weiß ich nichts.

Die schöne Schäferin

Zu alten Zeiten lag Hannover nur auf dem östlichen Ufer der Leine; auf dem westlichen, wo jetzt die Neustadt ist, war nichts als Anger und Wiesen. Nun trug sich's zu, daß einmal ein junger und reicher gnädiger Herr aus Hannover über den Anger ritt und daselbst eine Schäferin erblickte, die war schöner als alle anderen Mädchen auf der Welt, und ihr langes und feines Haar war wie Gold und ringelte sich von selbst. Dem jungen Herrn lachte das Herz, als er sie sah; er stieg ab und setzte sich zu ihr ins Gras. Da sang sie ihm so süße Lieder, daß ihm ganz wundersam zu Mute wurde; und sie gewannen sich sehr lieb und wollten einander heiraten.

Am andern Tage kam er wieder, und sie war noch schöner und sang noch süßere Weisen; er aber war traurig und sprach zu ihr: «Mein Vater hat gesagt, du sollst nie meine Frau werden; doch ich bleibe dir treu und lasse nicht von dir!» Und er schwur es ihr, wie er's gestern geschworen hatte.

Am dritten Tage kam er nicht wieder, und als sie abends einen Fischer fragte, warum wohl die Glocken so lange geläutet hätten, bekam sie zur Antwort: «Der junge gnädige Herr hat Hochzeit gehalten mit einem jungen gnädigen Fräulein.» Da sprang ihr das Herz entzwei, und sie wurde blaß wie der Tod.

Am andern Morgen trieb sie wieder die Schafe aus; weil sie aber so betrübt war, mochten auch die Tierlein nicht essen. Und sie sang so traurige Weisen und sang immer leiser und leiser und sprang vom hohen Ufer in die Leine.

Sie hat aber keine Ruhe, jede Nacht taucht sie hervor, Fischer, die alsdann angeln, haben sie oft gesehen; ihr langes Haar fließt ihr bis auf die Fersen, und stets singt sie ihre traurigen Weisen. So wartet sie auf den jungen gnädigen Herrn, und nicht eher wird sie Ruhe finden, als bis sich ein reiner Jüngling aus Mitleid zu ihr ins Wasser stürzt.

Durch die Jahrhunderte

Um 1100 ist Hannover nichts als ein Flecken an der Leine. Die Miracula sancti Bernardi erwähnen das, weil eine erste Hannoveranerin am Grab des Heiligen zu Hildesheim Heilung von argen Augenschmerzen fand.

1654 nennt sie Mattheus Merian «eine unter den vornehmsten Stätten des Fürstenthumbs Calenberg, die in der Ebene liget, umb sich schöne Auen und eine lustige Höltzung, die Eilenriede genannt, hat».

1716 wundert sich Lady Montagny über das Geschenk eines Kavaliers, das man ihr in Herrenhausen überreicht: zwei große Körbe voll reifer Orangen und Zitronen und zwei reife Ananas aus den Treibhäusern des Königs, «die zu einer solchen Vollkommenheit gebracht sind, daß sie den Sommer nach Belieben verlängern und jeder Pflanze den Grad Hitze geben können, den sie in ihrem Vaterlande von der Sonne erhalten würde».

1761 sagt der Freiherr von Knigge, daß Hannover weder groß noch besonders schön sei, «aber sehr bevölkert, und es herrscht hier eine gewisse Opulenz, ein Ansehn von Wohlstand. Die Leute sehen alle aus, als wenn sie ein gutes Gewissen hätten, voll edlen Stolzes wären und sich zu keiner Niedertracht herablassen könnten.»

1783 scheint einem reisenden Franzosen die Regierung dieser Lande sanft und die Staatsbedienung in den Händen kluger und tätiger Patrioten.

1856 kommt Wilhelm Busch, sechzehn Jahre alt, «ausgerüstet mit einem Sonett und einer ungefähren Kenntnis der vier Grundrechnungsarten» als Student nach Hannover. Hier ging mit seinem Aeußern eine stolze Veränderung vor: «Ich kriegte die erste Uhr – alt, nach dem Kartoffelsystem – und den ersten Paletot – neu, so schön ihn der Dorfschneider zu bauen vermochte ...»

Um 1900 schreibt der Buttjer Aadje Zisenius in einem Schulaufsatz: Die Stadt Hannover ist zweihundertfünfzigtausend Einwohner groß und liegt in Preußen an der Leine. Früher lag sie im Königreich Hannover. Bis Bismarck kam.

Die Stadt Hannover ist sehr alt, aber nicht ganz und gar, sondern nur die Altstadt, wo die unmodischen Häuser sind, z. B. Leibnizhaus, Garnisonkirche usw.

Die Stadt Hannover wird einseitig von einem Wald umgeben, der die Aalenriede heißt. Andrerseits wird sie von anderen Gegenden umgeben, z. B. Masch, Ohe, schneller Graben, Linden usw., Limmer auch.

Die Stadt Hannover wird immer größer. Deswegen werden es auch immer mehr Menschen. Darunter sind allerlei, auch Soldaten. Die feinsten Soldaten sind die Königsulanen.

Die Stadt Hannover hat viele Umgebungen. Eine davon ist die Masch. Das ist die größte Wiese auf der Welt. Im Winter nicht, da ist sie übergelassen und friert zu. Dann ist sie verboten. Wenn es taut, darf man auf ihr Schlittschuh laufen. Im Sommer nicht; da ist sie verboten. Wenn sie voll Wasser ist oder wie jetzt dreckig, ist sie nicht verboten. Wenn sie trocken ist, ist sie verboten. Von wegen weil sie dann da die Stadthammel fett machen.

Die Stadt Hannover hat viele Straßen. Das feinste ist die Georgstraße. Die ist man halb, denn auf der anderen Seite sind Anlagen, z. B.

Kaffee Kröpcke und Hoftheater. Da wird mittags umsonst Musik gemacht für arme Leute.

Die Straßen der Stadt Hannover bestehen aus verschiedenerlei. Wo die reichen Leute wohnen, aus Asphalt. Das ist das beste, was man hat, bloß daß er im Sommer stinkt und bei Regen glitschig ist. Und lebensgefährlich. Darum das Sandstreuen.

Die Stadt Hannover sorgt sehr für ihre Reinigung. Vor welchem Hause Schnee fällt, das kostet Strafe, wenn er nicht gleich weggemacht wird. Oder Asche gestreut. Nur die Häuser vom Magistrat, die brauchen das nicht.

Die Stadt Hannover hatte früher eine Pferdebahn. Bis das zu teuer wurde mit dem Futter. Da wurde sie elektrisiert. Die Wagen fahren nun von nichts. Das ist billiger.

Die Stadt Hannover hat keinen Kaiser, wie Berlin, sondern einen Stadtdirektor, das ist der öberste, seit das mit dem Marktturmwächter aufgehört hat. Bis da war der es. Deshalb mußte er auch da wege.

Weiter weiß ich nichts.

1945 Ernst Jünger: «Nachmittags in der Stadt. Die Trümmer sind neu und schwerer getroffen. Die Südstadt brannte; in den Häusern der Podbielski- und der Alten Celler Heerstraße, die ich entlangfuhr, glühten die Kohlenkeller, und funkenrieselnd stürzten die Decken ein.

Die Brände fallen gar nicht mehr auf, gehören zum Bild. An den Straßenecken packten Obdachlose gerettete Gegenstände in Bettlaken ein. Eine Frau, die ich aus der Tür eines geretteten Hauses treten sah, hielt einen Nachttopf in der Hand, an dessen Henkel freilich nur noch eine Scherbe hing. Gewaltige Trichter umringten auch den Bahnhof, vor dessen kahlen Hallen der König Ernst August immer noch zu Rosse saß. Zwei Eingänge des großen Bunkers, in dem sechsundzwanzigtausend Menschen Zuflucht gesucht hatten, waren verschüttet worden; die Ventilation hatte zeitweise ausgesetzt, so daß die eingekeilte Menge bereits begonnen hatte, sich in den ersten Stadien der Erstickung die Kleider vom Leibe zu reißen und nach Luft zu schreien. Gott bewahre vor Mausefallen dieser Art ...

Was ist Geburtsschmerz, was ist Todesschmerz bei diesem Spiel? Vielleicht sind beide identisch, wie ja der Sonnenuntergang zugleich auch Sonnenaufgang für neue Welten ist. ‹Besiegte Erde schenkt uns die Sterne› – dieses Wort wird räumlich, geistig und überirdisch in unerhörtem Sinne wahr. Die äußerste Mühe setzt ein äußerstes, noch unbekanntes Ziel voraus.»

HEINRICH HEINE

Welfisches Wintermärchen

O, Danton, du hast dich sehr geirrt
Und mußtest den Irrtum büßen!
Mitnehmen kann man das Vaterland
An den Sohlen, an den Füßen.

Das halbe Fürstentum Bückeburg
Blieb mir an den Stiefeln kleben;
So lehmigte Wege habe ich wohl
Noch nie gesehen im Leben.

Zu Bückeburg stieg ich ab in der Stadt.
Um dort zu betrachten die Stammburg,
Wo mein Großvater geboren ward;
Die Großmutter war aus Hamburg.

Ich kam nach Hannover um Mittagszeit,
Und ließ mir die Stiefel putzen.
Ich ging sogleich die Stadt zu besehn,
Ich reise gern mit Nutzen.

Mein Gott! da sieht es sauber aus!
Der Kot liegt nicht auf den Gassen.
Viel Prachtgebäude sah ich dort,
Sehr imponierende Massen.

Besonders gefiel mir ein großer Platz,
Umgeben von stattlichen Häusern;
Dort wohnt der König, dort steht sein Palast,
Er ist von schönem Äußern,

(Nämlich der Palast.) Vor dem Portal
Zu jeder Seite ein Schildhaus.
Rotröcke mit Flinten halten dort Wacht,
Sie sehen drohend und wild aus.

Mein Cicerone sprach: «Hier wohnt
Der Ernst August, ein alter,
Hochtoryscher Lord, ein Edelmann,
Sehr rüstig für sein Alter.

Idyllisch sicher haust er hier,
Denn besser als alle Trabanten
Beschützet ihn der mangelnde Mut
Von unseren lieben Bekannten.

Ich seh ihn zuweilen, er klagt alsdann,
Wie gar langweilig das Amt sei,
Das Königsamt, wozu er jetzt
Hier in Hannover verdammt sei.

An großbritanisches Leben gewöhnt,
Sei es ihm hier zu enge,
Ihn plage der Spleen, er fürchte schier,
Daß er sich mal erhänge.

Vorgestern fand ich ihn traurig gebückt
Am Kamin, in der Morgenstunde;
Er kochte höchstselbst ein Lavement
Für seine kranken Hunde.»

HERBERT KRANZ

«Sie haben ein Töchterchen!»

Die Dame war hartnäckig. Erst als sie zum dritten Male kam, wurde sie bei dem Bankdirektor vorgelassen.

Sie machte einen vorzüglichen Eindruck – bescheiden, diskret, zuverlässig. Was sie dann mitteilte, war allerdings verblüffend: «Sie haben ein Töchterchen, Herr Direktor!»

Der Bankier lächelte. «Und wer sollte die Mutter sein?» fragte er überlegen.

«Bitte, denken Sie doch zwölf Jahre zurück»! sagte die Dame bescheiden, diskret – aber auch unerschütterlich.

Er war verblüfft. Er rechnete nach. «Um Gottes willen!» rief er dann. «Doch nicht etwa – Margot?!»

Es *war* Margot. Nicht etwa die Besucherin –

sie war nur eine gute Freundin jener Margot. Tapfer hatte Margot sich all die Jahre mit dem Mädelchen durchgeschlagen – aber jetzt ging es nicht mehr. Schwierigkeiten über Schwierigkeiten. Doch mit dreitausend Mark wären sie sämtlich aus der Welt – Diskretion selbstverständlich Ehrensache. Der Bankier zahlte – und war froh, daß die peinliche Erinnerung so angenehm erledigt werden konnte.

Die bescheidene, diskrete, zuverlässige Dame, die einen so vorzüglichen Eindruck machte, suchte noch weitere gutsituierte Herren auf. Zweimal wurde sie hinausgeworfen – aber noch achtmal gelang der Schwindlerin ihr raffinierter Trick, mit dem schlechten Gewissen älterer Herren Geschäfte zu machen. Es brachte ihr nicht jedesmal dieselbe Summe – je nach der wirtschaftlichen Lage des Betroffenen stimmte sie ihre Forderung ab und war auch schon mit 500 Mark zufrieden.

Der zwölfte auf ihrer Liste war ein Professor. Aber als sie ihm mit der Botschaft kam: «Sie haben ein Töchterchen», da sah er nicht wie die andern ängstlich zur Tür, sagte auch nicht zu Tode erschrocken: «Pßt!» – nein, er sprang hocherfreut auf, holte sofort seine Frau und rief beglückt: «Helga, wir haben ein Kind!» Und beide sagten zu der verdutzten Besucherin: «Uns ist das Glück, Kinder zu haben, leider versagt – wir wollten gerade eins adoptieren!»

Das Ehepaar bestand darauf, das Kind sofort zu holen. Aber die Betrügerin hatte mit dieser Möglichkeit nicht gerechnet und daher kein passendes Kind in Bereitschaft. Jetzt brach ihr ganzes Lügenwerk zusammen, was sie aber als durchaus ungehörig ansah, denn immer wieder sagte sie zu ihrem Offizialverteidiger, der sie übrigens vor dem Gefängnis nicht bewahren konnte: «Heutzutage kann man sich eben auf nichts mehr verlassen!»

KARL KROLOW

Dynastische Erinnerungen

Excurs über den Welfen-Pudding

So ist das seit jeher in ganz Niedersachsen mit seinen gelb-weißen Landesfarben. Aber die stadthannoverschen Farben sind anders: nur rot-weiß, wenn ichs recht bedenke. Man muß einen Augenblick darüber nachdenken, denn Gelb-Weiß gibt mehr her: Geschichte wie Gegenwart. Bis auf die gelb-weiße Speise, die gleichermaßen zur Vergangenheit wie zur Gegenwart gehört: Welfen-Creme genannt. Ich verdarb mir früh den Magen an ihr. Ich hatte einen empfindlichen Magen. Man traut sich beim Verspeisen von Welfen-Creme rasch zu viel zu und täuscht sich. Schaum ist nicht einfach Schaum, auch wenn man weiß, daß Weinschaum, also höherer Schaum, dazu gehört. Der Welfenpudding ist über jeden Verdacht, aber auch über jedes Lob erhaben: eine Götter- und Landesspeise, allerdings eine süße Speise, und das macht manchen Schwierigkeiten. Bei mir war das jedenfalls so. Doch konnte ich es selten lassen, auf den Welfenpudding zu verzichten, bei dem das Gelbe und das Weiße schön geschieden bleibt, wenn er gelingt. Hier ist nur von der gelungenen Creme die Rede.

Die Creme-Zutaten sind einfacher geklärt als die Herkunft des Welfenhauses und schließlich normalerweise leichter verdaut als die Entdekkung der Kleinwüchsigkeit bei Heinrich dem Löwen, als man sich zur Unzeit seinen Leichnam ansah. So etwas verdauen Welfen-Fans nie. Dagegen den Pudding: für vier Personen aus einem halben Liter Milch, 40 Gramm Zucker, einer halben Vanillestange, 45 Gramm Speisestärke und drei Eiweißen (für das Weiße in der Creme) bestehend, und was den Weinschaum betrifft – kein Rumohr hätte ihn delikater erfunden –: drei Eigelb (für das Gelbe in der Fahne), ein Viertelliter Weißwein, einen Eßlöffel Zitronensaft, einen gestrichenen Eßlöffel Speisestärke und etwas abgeriebene Zitronenschale ergeben ihn. Auch die Zubereitung liest sich gut. Mißlingen zählt ohnehin nicht, wenn ich mich auch an gelegentliches Mißlingen im Elternhaus erinnere, das die Farben durcheinander brachte: Man kocht drei Viertel der Milch mit Zucker und Vanille auf, rührt die Speisestärke mit der restlichen Milch an und in die kochende Milch. Dann wird der Eischnee untergehoben. Das ist kitzlig. Er muß steif sein, versteht sich. Für den Weinschaum verrührt man inzwischen die Zutaten miteinander und schlägt sie bei milder Hitze geduldig zu dicker Creme. Man füllt dann nur noch den Weinschaum auf die Creme, und die Götter sind auf seiten der Hannoveraner.

Denkmalsreiter Ernst August

Man mag den Gaumen mit Welfenspeise nun in Gedenken an Schorse den Letzten laben, an den blinden, fünften Georg, den sein treues Volk nicht wie Vater Ernst auf hohem Denkmalssokkel aus dem hannoverschen Hauptbahnhof reiten läßt oder einfach, niedersächsischer Handhabung gemäß, fein still für sich sein und den

Genuß mit niemand teilen: für alle süßen Bewohner unseres Landes steht das Weinschaum-Vergnügen weiter obenan, während man sich kaum noch des Urteils alter Hannoveraner erinnern kann, den für das Bahnhofsdenkmal zu spät Geborenen betreffend: «Schorse weit mit Minschen tau verkehrn!» (Georg weiß mit Menschen umzugehen.) Jedenfalls kannte er sich nicht gut genug mit den Preußen aus. Und sein Vorgänger blieb seither im Gedächtnis der Hannover-Reisenden als einer zurück, der ihnen, wenn sie aus dem Bahnhof kommen, reitend den Rücken zukehrt. Er reitet bequem davon, direkt auf die City zu, auf die Gegend, wo bis vor einiger Zeit das Café Kröpcke stand, reitet und sieht nicht hin, wer sich um ihn versammelt: «unterm Schwanz», wie es zu meiner Schulzeit hieß, als man sich dort mit der Klasse zu Ausflügen in das Kalenberger Gelände traf, zu einer Reise nach dem Deister oder auch nur ins Warmbüchner Moor und in den großen Krähen- und Reiherwald, den Ahltener Wald. Der Pferdeschwanz des unentwegten Reiters Ernst August war der Treffpunkt zu Expeditionen wie Überlegungen mannigfacher Art. Der da fest im Sattel saß, in Paradeuniform, und sich so angenehm selbst überlebt hatte, brauchte von nichts und niemandem Notiz zu nehmen. Er ritt auf ein immerwährendes welfenhannoversches Königtum zu, während «unterm Schwanz», dem nie ein Pferdeapfel entfiel, Fahrtgroschen gezählt und Landkarten entfaltet wurden. Butterbrote getauscht und anderes gehandelt wurde von ähnlich imaginärem Wert wie das Sachsenroß, das bekanntermaßen allzu hoch hinauswill. Der Ritt wird übrigens jetzt für drei Jahre unterbrochen. Der U-Bahn-Bau vertreibt den Landesvater von seinem Sockel. Der König geht – wie es heißt – drei Jahre «in Urlaub». Der Urlaub wird ziemlich in der Nähe verbracht und ist nicht herrscherlich, eher zweckmäßig, am Leinestrand zwar, wie es naheliegt, aber in parlamentarischer Nähe: neben dem Landtag. Der bronzene Monarch wird nicht von Ehrenjungfrauen, sondern vom Tieflader geholt, nachdem er seit dem 21. September 1861 unentwegt standfest geradeaus geritten war, bei einer von kundigen Hannoveranern errechneten alljährlichen Sokkelverschiebung von 1,75 Zentimeter, was immerhin in den einhundertvierzehn Jahren seiner Reitertätigkeit zwei Meter ausmachen müßte. Niemand hat je solche Geschwindigkeit an Ernst August mit seinem irdischen Auge verfolgen können, wie ihm niemand ansieht, daß er und sein Pferd der spendenden Bevölkerung 12 000 Taler kostete, das Denkmal insgesamt – man weiß das im peniblen Niedersachsen und bekommt darüber Auskunft – 36943 Piepen.

Nun wird es für drei Jahre mit der Null-Komma-null-Stundengeschwindigkeit vor dem Hauptbahnhof vorbei und hinterher alles anders sein. Das Denkmal wandert zwei Meter in Richtung Bahnhofstraße und einstigem Café Kröpcke, und Roß und Mann dürfen – inmitten von Fußgängerpassanten – einer großen Freitreppe entgegengaloppieren. Die «Reitstrecke» wird nur noch einer höheren Wahrnehmungsfähigkeit erkennbar sein, und «unterm Schwanz» wird man, auch wenn es regnet, in Zukunft im Trocknen stehn, was nicht mit der Pferdeschwanzbreite, vielmehr mit den erwähnten nahen Arkaden, den Fußgängerpassagen zu erklären sein wird, wenn es hier schon um Erklären geht, denn ein Reiterstandbild bleibt schließlich allemal etwas Unerklärliches wie Vorsehung und steinernes Überleben überhaupt. Alles wird sich überhaupt noch phantastischer als bisher ausnehmen, wenn man dem berühmten hannoverschen Stadtbaurat Rudolf Hillebrecht, dem Städteplaner, Glauben schenken darf: italienischer sozusagen – trotz niedersächsischem Klima und grünlodenem Himmel. Manche sehen bereits den guten Provinz-König zum Condottiere avancieren.

Rettung der hannoverschen Kronjuwelen vor den Preußen

Das Reiterstandbild von unbestimmter Patina auf dem hannoverschen Ernst-August-Platz ließ keinerlei Vorstellungen von Gelbweiß, wohl von Verwitterung, Zahn der Zeit, Luft- und Tier- und Reiterverschmutzung aufkommen. Aber dafür gibt Niedersachsen den Welfenfarben in der freien Natur, soweit sie sich noch über Land zu zeigen wagt, freien Lauf. Es blüht gewissermaßen in seinen Landesfarben, blüht auf, jedesmal wenn Frühling ist. Ein Schritt in die verkehrsgefährdete Eilenriede, wenn man ihn richtig setzt und nicht vorher unters Auto gerät, also Glück hat, überzeugt einem von diesem versteckten Welfenfrühling: schlüsselblumengelb, anemonenweiß. Das Gelbe freilich ist auf dem Rückzug begriffen, wenigstens im Stadtwald – man muß schon weiter suchen, leineaufwärts und über die Bannmeile hinaus, in alten Maikäfergehölzen meiner jungen Jahre, von denen auch nicht mehr viel übriggeblieben ist: im Bockemer Holz und in der Gaim beispielsweise. Hier blüht der einfache Welfenschatz als Vegetation immer noch still vor sich hin, unversteckt und beinahe noch zugelassen von der Zivilisation um sich her; während es der echte kostbare Reliquienschatz des Hauses

Braunschweig-Lüneburg, der seit 1862 im Welfenmuseum aufbewahrt worden war, bekanntlich schwerer hatte, als die Preußen kamen, schwerer mit großem Kuppelreliquiar aus vergoldetem Kupfer mit farbigen Emails, Figuren und Reliefs aus Walroßzahn aus dem zwölften Jahrhundert. Man kann die tragikomische Geschichte von der heimlichen Verbringung der hannoverschen Kronjuwelen in Mab Wilsons Juwelenbuch von den «Strahlenden Steinen» nachlesen. Der blinde letzte hannoversche König Georg wurde in aller Eile fortgebracht. Er war in Sicherheit. Nicht so die Kronjuwelen und das Kronsilber, das sich noch im Palast befand, als die Schwarz-Weißen einzogen. Der Bericht liest sich in der Tat am besten für einen Welfen unter Wehmuts- und Freudentränen:

«Unter den Nasen der Besatzer, mit preußischen Wachen vor jeder Tür, gelang es ihnen (den Mitgliedern der Hofkamarilla), in leeren Weinfässern nicht nur eine Anzahl von Kronjuwelen zu verstauen, sondern auch das große Speiseservice aus Gold und Silber für zweitausend Personen. Die Fässer (man hört sie leise klirren) brachten sie durch einen alten, halbvergessenen unterirdischen Gang in eine Kirche. Zu jener Zeit diente diese Kirche einem Weinhändler als Lager, ein Umstand, der von zeitgenössischen Schilderungen nur am Rande gestreift wird, aber der Weinhändler, königstreu auch er, nahm die Fässer in Empfang, verteilte sie unter solche, die wirklich mit Wein gefüllt waren, und brachte sie per Eisenbahn nach Wien und per Schiff nach England auf den Weg.

Mittlerweile war es im Palast dem Oberkämmerer und seiner Frau, der Ersten Kammerfrau der Königin, gelungen, den Rest des Kronschatzes sowie die persönlichen Schmucksachen der Königin auf die Seite zu schaffen. Zunächst vergrub man sie in einem Winkel von des Oberkämmerers Garten, freilich nicht für lange. Ob nun dem Oberkämmerer ein warnender Hinweis hinterbracht worden war oder ob er über eine besondere Intuition verfügte – er gelangte jedenfalls zur Ansicht, daß sein Garten kein sicheres Versteck mehr gewähre, und so raffte man erneut bei Dunkelheit in aller Heimlichkeit den Schatz zusammen: die Kronen, Zepter und Staatsschwerter dazu. Mit den Kostbarkeiten, versteckt im Futter ihrer Wintermäntel, eilten die Verschwörer schweigend zur fürstlichen Familiengruft.

Ein schwerer Sarkophagdeckel nach dem anderen wurde hochgestemmt, um das geeignetste Versteck zu finden. Niemand wagte es aus heiligem Respekt, die Gebeine der Kurfürstin Sophie in ihrer letzten Ruhe zu stören, und in anderen Fällen waren die Sarkophage den toten

Körpern allzu knapp angemessen. Doch schließlich hob sich ein großer Deckel, um nur das armselige schmächtige Körperchen eines neugeborenen Kindes freizugeben – hier war nun Platz genug für die Kronjuwelen. Der ganze Schmuck der Königin kam getrennt in das Grab eines jungen Kurprinzen und blieb dort für einige Jahre liegen, obwohl die Preußen, tief bekümmert, weil der Schatz ihnen entgangen war, eine hohe Belohnung ausgesetzt hatten. Doch von all den Hunderten von Menschen, die in das Geheimnis der Juwelen eingeweiht worden waren, trat kein einziger vor, um die Belohnung einzustreichen.

Als eine Verschlechterung der Lage drohte, beschloß König Georg, daß man den Schatz auf irgendeine Weise aus Hannover herausholen müsse, um ihn nach England in Sicherheit zu bringen. Wieder wurden die Juwelen in aller Heimlichkeit aus der herzoglichen Gruft geschmuggelt – doch diesmal ging's zum Picknick. Die größeren Gegenstände verstaute man in Picknickkörben, die Krone kam in einen dafür ausersehenen Schwammbeutel, die Schwerter verschwanden in Gewehrkästen, und die kleineren Kostbarkeiten fanden kurzerhand Platz in den Taschen und Rockschößen der Teilnehmer dieser lustigen Landpartie, deren Gelächter jegliches verdächtige Klimpern übertönte. Die vergnügten Ausflügler brachen auf, wobei einer von ihnen infolge eines Steifknies durch Staatsschwertiasis unter dem Hosenbein leicht humpelte, da man um einen letzten Gewehrkasten verlegen war.

Tief in den Wäldern verhielt man in einem Forsthaus, wo die Ausflügler von der wackeren Gräfin Kielmannsegg und anderen Damen des verflossenen Hofes empfangen wurden, die ihre Röcke schwenkten und mit ihren Schirmen fuchtelten und schrill wegen der Ameisen schrien – nur, um allfällige Späher abzulenken. Eine nach der anderen verschwanden nun die Damen im Forsthaus, um hier ein großes Halsgehänge in einen Gewandsaum einzunähen, dort große Orden und Broschen in ihren Leibchen verschwinden zu lassen (die auf ihrer Haut geradezu reliefartige Abdruckmuster hinterlassen haben müssen). Ganze Kronen sah man in den Tournuren versinken, Armreifen wurden unter Ärmeln versteckt und Ringe mittels Fibeln an der Innenseite von Blusen befestigt. Zur Erleichterung des Staatsschwert-Humplers war nun auch noch ein Gewehrkasten aufgetan worden, und die Damen standen schon bereit für die lange Zugfahrt nach Wien, als jemandem plötzlich die hannoversche Krone einfiel. Sie war sehr groß und gewichtig und ließ sich schwerlich zusammenfalten. Doch da kam Gräfin Kielmannsegg der große Gedanke. Sie zurrte dieses Ungetüm von einer Krone auf ihrem Haupte zurecht und band ihr liebliches schwarzes Spitzenhäubchen darüber fest. Stämmige Monarchen hatten über ihr Gewicht sich beklagt, doch lächelnd nickend und ihr zierliches Köpfchen stolz emporhaltend, trug sie nun das schwere Ding während des ganzen Weges nach Wien, ohne auch nur eine Spur jener Schmerzen zu zeigen, die sie gewiß ausgestanden haben muß.»

Frauen-Lob

«Ich bin jetzt», schrieb 1716 Lady Montagu an eine Freundin in London, «im Reiche der Schönheit angelangt. Alle Frauen hier (buchstäblich wahr!) haben Rosenwangen, schneeweiße Stirnen und Busen, pechschwarze Augenbrauen und scharlachrote Lippen, wozu gemeiniglich noch kohlschwarzes Haar kommt. Diese Trefflichkeiten, die bei Licht von schöner Wirkung sind, behalten sie bis ins Grab, doch ich wünschte, daß sie mit mehr Mannigfaltigkeit schön wären. Sie sind einander so ähnlich wie Frau Salmons großbritannischer Hof in Wachs, und in ebenso großer Gefahr, zu nahe am Feuer zu schmelzen, welches sie aus dieser Ursache sorgfältig vermeiden, ungeachtet, daß das Wetter jetzt so außerordentlich kalt ist, daß ich glaube, diese Selbstverleugnung müsse sie teuer zu stehen kommen.»

«Wer wohl in unserer Leinestadt
die allerschönste Taille hat?
Es ist ein Mägdlein, blond von Haar,
Sie liegt nun auf der Totenbahr'.
Warum? Das diene dir zur Lehr':
Sie schnürte das Korsett zu sehr.»

Von einem Grabstein auf dem Neustädter Andreas-Friedhof

«Die hannoverschen Damen haben verteufelt harte Knochen», meinte Peter der Große, der die Korsettstangen falsch deutete.

«Charmante de gaieté, excellente conduite», konstatierte Casanova, als er fünf Hannoveranerinnen in London erlebte.

Und ähnlich sagt Friedrich Georg Jünger von einer Hannoveranerin, daß er nie «ihre Stimme, ihr Lachen, ihre Fröhlichkeit» vergessen habe.

FRIEDRICH GEORG JÜNGER

Bei der Großmutter

Meine Eltern verließen die Stadt wieder und siedelten aufs Land über. Der Umzug fiel in das Schulvierteljahr, so daß es angemessen schien, mich bis zu den Herbstferien in der Stadt zu lassen. Ich wurde daher mit meinen Sachen zur Großmutter gebracht und bei ihr einquartiert. Sie nahm mich freundlich auf. Als ich zu ihr kam, saß sie in schwarzem Kleide, über das eine lange, goldene Kette herabhing, am Fenster. Prüfend betrachtete sie mich durch ihren goldumrandeten Kneifer. Hinter ihr stand auf einem Schränkchen aus Mahagoni der Ganymed Thorwaldsens, der aus einer Schale den Adler des Zeus tränkt. Der weiße Marmor hob sich leuchtend gegen das warme, rote Holz ab. Und so sah ich sie noch oft sitzen, vor dem Blattgitter einer großen Wachsblume, die mit den Jahren das Fenster überzog, lesend oder mit einer Handarbeit beschäftigt, denn sie gehörte zu den Frauen, die sich immer etwas zu schaffen machen müssen.

Damals war sie etwa siebzig Jahre alt. In ihrem Haushalt, den sie mit Hilfe einer Aufwärterin besorgte, lief alles wie am Schnürchen, hatte jedes Ding seinen festen, unverrückbaren Platz. Ihre Wohnung wie ihre Gewohnheiten verrieten den Hang zur Ordnung, ihr Tag war vom Aufstehen bis zum Schlafengehen genau geregelt, und so lebte sie bestimmt und pünktlich wie in einer selbsterschaffenen Welt und so weit ab von Störungen und Zufällen, daß sie mir die Vorsehung selbst zu sein schien. Ein Paar kühle, graue Augen blickten aus ihrem regelmäßigen Gesicht, dem man ansah, daß sie einst anmutig gewesen war. Ein Hauch von Frische umgab sie, und auf ihren Wangen lag eine Röte wie bei einem Apfel, der nach der Reife zu runzeln beginnt. Sie brachte mich in einer Kammer unter, in der das Bild ihres Bruders hing, meines Großonkels Hermann, der im Kriege 1870 bei der Belagerung von Metz am Typhus gestorben war. Ich erwähne dieses Bild, weil ich es oft betrachtete. Denn damals schien mir sonderbar, daß der Großonkel tot war und doch im Bilde als kräftiger, junger Soldat an der Wand über meinem Bette hing. Es lag darin für mich ein Widerspruch, der mich manchmal vor dem Einschlafen beschäftigte. Ich habe die Wohnung in genauer Erinnerung, entsinne mich auch einzelner Gegenstände in ihr und des Ortes, an dem sie sich befanden. So fiel mir eine Majolika in Form eines großen Tellers auf, auf dem ein Entenjäger abgebildet war. Diese Darstellung weckte in mir die Jagdlust und gab mir eine Vorstellung davon, welches Vergnügen es sein müsse, in Röhricht und Sumpf den Wasservögeln aufzulauern. Ein Bild, das in Öl gemalt war, stellte einen Mönch dar, einen Botaniker, der durch die Lupe Pflanzen betrachtete. Auch diese Beschäftigung hatte etwas Anziehendes für mich. Mir scheint heute, daß Schmuckstücke in zu großer Zahl umherstanden und daß die Zimmer mit Möbeln und Teppichen überfüllt waren. Jedenfalls schränkte die Einrichtung den Raum ein, in dem ich mich frei bewegen konnte, und ich rührte mich immer mit einer gewissen Vorsicht, um nirgends anzustoßen. Denn wie der kleine Muck in dem Märchen von Hauff wäre ich sehr erschrocken, wenn ich von den Tellern, Tassen, Vasen, Uhren und Kristallen etwas zerbrochen hätte. Ich hätte einen leeren Saal, in dem ich laufen, springen und Ball spielen konnte, diesen Zimmern vorgezogen. Da ich mich aber behutsam regen mußte, war ich ein wenig wacher als sonst, und dieser Aufmerksamkeit auf meine Umgebung verdanke ich, daß ich alles deutlicher sah und im Gedächtnis behielt. Die Gegenstände hier waren durch Erinnerungen geweiht; ich spürte das und hegte eine stumme Achtung für sie. Kaum einer war unter ihnen, den der Großvater nicht erworben, betrachtet oder in der Hand gehalten hätte. Ich wußte, daß er mich sehr geliebt hatte. Sein Bild blickte mich von der Wand herab an, und seinen Namenszug fand ich in den Büchern; er war wie ein Abwesender, der in jedem Augenblick wieder zur Tür hereintreten konnte. Mehr noch, er war auf eine unsichtbare Weise immer da, und auch das spürte ich. Er gehörte zu den Lehrern, die von ihren Schülern nicht vergessen werden. Güte war ein Grundzug seines Wesens, in dem wunderliche und grillenhafte Züge hervortraten, durch die er seine Schüler belustigte. Kinder nehmen dergleichen mit scharfen Augen wahr, doch entging ihnen nicht, daß er Güte besaß.

Wir wohnten in einem stillen, von jedem Verkehr abgeschnittenen Viertel der Stadt. Die langen, lautlosen Tage, die ich hier, allein mit einer alten Frau und getrennt von meinen Geschwistern, verbrachte, riefen jenes tiefe Schweigen hervor, das für mich mit der Erinnerung an diese Zeit verbunden ist. Haus und Zimmer waren voll kühler Ruhe. Im Hofe lag die Werkstatt eines Tischlermeisters, dem das Haus gehörte. Hier stapelten alte Hölzer, und ein Geruch von Terpentin, Lack und Ölen erfüllte den Hofraum und die Treppen. Die Tochter dieses Handwerkers kam hin und wieder zu Besuch, um mit der Großmutter zu plaudern. Sie war krank und verwachsen und betrachtete mich mit sanften, glänzenden Vogelaugen, in denen das

Fieber schlummerte. Sie war, wie mir aus ihren Gesprächen in Erinnerung blieb, von einer sehr sanften, ergebenen Frömmigkeit, die von der Großmutter nicht geteilt wurde. Denn diese war tätig und nüchtern, liebte die Heiterkeit, Scherze und Spott und war weit von jeder Art zärtlicher Schwärmerei entfernt. Sie war von irdischer Zuverlässigkeit, und an dieser fand ich einen Halt, diese war mein Trost. Sonst reichte der Pflichtbegriff hin, um sie gegen den Himmel sicherzustellen. Sonntags, wenn sie aus der Kirche kam, in die sie mich nie mitnahm, sprach sie manchmal über die Predigt, und mich verwunderte sowohl ihre Kritik wie die Genauigkeit, mit der sie alles behalten hatte. Sie sprach auch mit dem kranken Mädchen darüber, und diese Gespräche waren mir merkwürdig, denn ich hatte keinen Begriff, wozu es Prediger, Predigten und Kirchen gab. Das kranke Kind wurde kränker und vermochte nicht mehr zu gehen. Die schwachen Knochen trugen den Körper nicht mehr, und die beiden Brüder fuhren die Schwester nun im Rollstuhl herein. Sie standen in meinem Alter, wurden streng erzogen und zur Hilfsbereitschaft gegen ihre Schwester angehalten. Beide Knaben hatten etwas Artiges und Freundliches, doch wurden sie mir um so fremder, je länger ich mit ihnen umging. Eine übermächtige Lust zu schreien, zu toben und zu springen bemächtigte sich meiner oft in ihrer Gesellschaft. Aber der gepflasterte und von roten Ziegelmauern umschlossene Hof, in dem eine verkümmerte Linde stand, zwang uns zu bescheidenen, lautlosen Spielen, die unter Bewachung der Hausbewohner standen. Das Haus selbst, das trefflich instand gehalten und sauber mit Ölfarbe ausgestrichen war, hatte bei aller Reinlichkeit etwas Lebloses und Leeres für mich. Wenn ich davorstand und es betrachtete, kam es mir wie eine steinerne Schachtel vor, in welche Reihen von blankem Glas eingesetzt waren. Ein Gefühl der Kälte und Öde ergriff mich in ihm, vor allem dann, wenn ich die Treppen hinaufstieg und durch die Hinterfenster auf den Hof hinabsah. Kam ich aus der Schule nach Hause, dann stellte ich mich ans Fenster und betrachtete den Rasenplatz vor dem Hause mit seinem verschnittenen Rotdorn, in dem Schwärme von Spatzen lärmten. Wenige Leute gingen auf der Straße vorbei. Abends kam der Mond hinter den Häusern hervor und beschien den Platz. Ein frischer Lackgeruch stach mir in die Nase. Das Leben schien eingeschlafen zu sein, und lautlos spazierte ich über die dicken Eisbärfelle und Teppiche, besah Blumen, Bilder und Steine, während die Uhr tickte und alle Viertelstunde ihren wohllautenden Westminsterschlag hören ließ. Mich beschäftigte ein kristallenes

Prisma, durch das ich meine Umgebung betrachtete und im Regenbogenglanz wahrnahm. Eine meiner bescheidenen Vergnügungen war, die Blüten der Wachsblume, die einen zähen Zukkersaft ausschwitzten, zart mit der Zunge zu berühren. Gewiß war die Süßigkeit dieses Saftes nur deshalb so angenehm, weil er in geringen Mengen vorhanden war. Der Versuch selbst war eine Folge meiner Wißbegier, die mich auch entdecken ließ, daß der Gummibaum am Fenster, wenn ich ihm einen kleinen Schnitt beibrachte, einen weißen Milchsaft ausschwitzte, der keineswegs süß schmeckte. So still es um mich war, ich spürte keine Langeweile. Auch verstand die Großmutter mich zu beschäftigen. Sie gab mir Rätsel zum Lösen, ließ mich den Patiencen zusehen, die sie legte, und brachte mir ein einfaches Kartenspiel bei, das wir zusammen spielten. Auch erzählte sie mir Geschichten aus ihrer Jugend. Ihre Erinnerungen reichten bis zu den Unruhen des Jahres 1848 zurück, doch sprach sie oft von dem, was ihre Eltern ihr erzählt hatten, und den Namen des Kaisers Napoleon hörte ich von ihr zuerst. Diese Erzählungen machten ihr Freude, auch erzählte sie gut und hatte die Gabe, ihre Geschichten zugleich rund und kurz zu machen. Solche Geschichten wie die vom gefräßigen Knecht ihrer Eltern, den niemand satt bekommen konnte, oder von den armdicken, bis zum Fußboden herabhängenden Zöpfen ihrer Mutter, die damit wie mit einer Peitsche um sich schlug, machten mir viel Vergnügen. Diese Urgroßmutter, die Tochter eines Lehrers, hatte das zweite Gesicht, und im Alter von vierzehn Jahren sah sie den folgenden Vorgang voraus. Sie stand an der Haustür, als ein Leichenzug auf den Kirchhof zukam, voran ihr Vater mit den Schulkindern, dann eine Kindesleiche, dahinter ein Gefolge von Männern und Frauen. Der Zug ging nicht durch das Haupttor des Friedhofs, durch das alle Leichen getragen wurden, sondern durch ein Nebentor, das für Kirchgänger bestimmt war. Die Urgroßmutter, die ihren Vater in der Wohnstube wußte, erschrak heftig und schrie laut auf: «Vater, Vater!» Er kam schnell aus der Stube, und als sie ihm erzählte, was sie gesehen hatte, wollte er es ihr ausreden und sagte: «Kind, du kannst es schon deshalb nicht gesehen haben, weil durch dieses Tor niemals eine Leiche getragen wird.» Indessen starb einige Tage später das Kind eines Heuermanns, und da in der Nacht vor der Beerdigung das Tor einstürzte, durch welches alle Leichen getragen wurden, mußte das Kind durch das Nebentor getragen werden. Alles geschah also, wie die Urgroßmutter es vorausgesehen hatte.

Jede Woche einmal nahm mich die Großmutter mit in eine Gesellschaft alter Damen, die im

Hotel zu den Vier Jahreszeiten tafelte. Sehr zurückgezogen saß ich hier auf meinem Stuhl, speiste Fisch und Braten und betrachtete die faltigen Gesichter, die mich durch ihre Brillen freundlich anschauten. Die Älteste dieser Gesellschaft war ein verrunzeltes Mütterchen, das an die neunzig Jahre zählte. Alle diese alten Frauen trugen winzig kleine, schwarze Kapotthütchen, wunderliche und aussterbende Formen, die mit glänzendem Jett bestickt waren und kleine, starre Haarbüschel in die Höhe schossen. Über ein Dutzend davon fand sich nach dem Tode meiner Großmutter in ihrem Nachlaß vor. In dieser Tafelrunde der Vergangenheit – denn der Wind der Zeit hat sie längst fortgeweht und alle ihre Mitglieder sind seit langem tot – herrschte Genügsamkeit. Trockener Witz war das belebende Element der Unterhaltung. Das war ein Witz, der etwas aussparte; er lag in einer Sparsamkeit des Wortes, deren eigentümliches niedersächsisches Wesen sich schwer wiedergeben läßt. Auch scheint mir, daß ein gewisser Abstand gegenüber jeder Vertraulichkeit, gegen jede Art von Überschwang die Voraussetzung war, unter der diese geselligen Abende stattfanden.

KARL PHILIPP MORITZ

Des armen Anton Reiser Freitische

Diese Woche mußte er zum ersten Male herumessen und machte am Montag bei dem Garkoch den Anfang, wo er sein Essen unter den übrigen Leuten, die bezahlten, bekam und man sich weiter nicht um ihn bekümmerte. Dies war, was er wünschte, und er ging immer mit leichterem Herzen hieher.

Den Dienstag mittag ging er zu dem Schuster Schantz, wo seine Eltern im Hause gewohnt hatten, und wurde auf das liebreichste und freundlichste empfangen. Die guten Leute hatten ihn als ein kleines Kind gekannt, und die alte Mutter des Schusters Schantz hatte immer gesagt, aus dem Jungen würd' noch einmal etwas – und nun freute sie sich, daß ihre Prophezeiung einzutreffen schien. Und wenn es Reiser je nicht fühlte, daß er fremdes Brot aß, so war es an diesem gastfreundlichen Tische, wo er oft nachher seines Kummers vergessen hat und mit heitrer Miene wieder wegging, wenn er traurig hingegangen war. Denn mit dem Schuster Schantz vertiefte er sich immer in philosophische Gespräche, bis die alte Mutter sagte: «Nun, Kinder, so hört doch einmal auf und laßt das liebe

Essen nicht kalt werden!» Oh, was war der Schuster Schantz für ein Mann! Von ihm konnte man mit Wahrheit sagen, daß er vom Lehrstuhl die Köpfe der Leute hätte bilden sollen, denen er Schuh machte.

Er und Reiser kamen oft in ihren Gesprächen, ohne alle Anleitung, auf Dinge, die Reiser nachher als die tiefste Weisheit in den Vorlesungen über die Metaphysik wieder hörte, und er hatte oft schon stundenlang mit dem Schuster Schantz darüber gesprochen. Denn sie waren ganz von selbst auf die Entwicklung der Begriffe von Raum und Zeit, von subjektivischer und objektivischer Welt usw. gekommen, ohne die Schulterminologie zu wissen, sie halfen sich denn mit der Sprache des gemeinen Lebens, so gut sie konnten, welches oft sonderbar genug herauskam – kurz, bei dem Schuster Schantz vergaß Reiser alles Unangenehme seines Zustandes, er fühlte sich hier gleichsam in die höhere Geisterwelt versetzt und sein Wesen wieder veredelt, weil er jemanden fand, mit dem er sich verstehn und Gedanken gegen Gedanken wechseln konnte. Die Stunden, welche er hier bei den Freunden seiner Kindheit und seiner Jugend zubrachte, waren gewiß damals die angenehmsten seines Lebens. Hier war es allein, wo er sich mit völligem Zutrauen gewissermaßen wie zu Hause fühlte.

Am Mittwoch aß er denn bei seinem Wirt, wo das wenige, was er genoß, so gut es auch diese Leute übrigens mit ihm meinen mochten, ihm doch fast jedesmal so verbittert wurde, daß er sich vor diesem Tage fast mehr wie vor allen andern fürchtete. Denn an diesem Mittage pflegte seine Wohltäterin die Frau Filter immer nicht geradezu, sondern nur in gewissen Anspielungen, indem sie zu ihrem Manne sprach, Reisers Betragen durchzugehen, ihm die Dankbarkeit gegen seine Wohltäter einzuschärfen und etwas von Leuten mit einfließen zu lassen, die sich angewöhnt hätten, sehr viel zu essen und am Ende gar nicht mehr zu sättigen gewesen wären. Reiser hatte damals, da er in seinem vollen Wachstum war, wirklich sehr guten Appetit, allein mit Zittern steckte er jeden Bissen in den Mund, wenn er dergleichen Anspielungen hörte. Bei der Frau Filter geschah es nun wirklich nicht sowohl aus Geiz oder Neid, daß sie dergleichen Anspielungen machte, sondern aus dem feinen Gefühl von Ordnung, welches dadurch beleidigt wurde, wenn jemand, ihrer Meinung nach, zuviel aß. Sie pflegte denn auch wohl von Gnadenbrünnlein und Gnadenquellen zu reden, die sich verstopften, wenn man nicht mit Mäßigkeit daraus schöpfte.

Die Frau des Hofmusikus, welche ihm am Donnerstag zu essen gab, war zwar dabei etwas rauh in ihrem Betragen, quälte ihn aber doch dadurch lange nicht so als die Frau Filter mit aller ihrer Feinheit.

Am Freitag aber hatte er wieder einen sehr schlimmen Tag, indem er bei Leuten aß, die es ihn nicht durch Anspielungen, sondern auf eine ziemlich grobe Art fühlen ließen, daß sie seine Wohltäter waren. Sie hatten ihn auch noch als Kind gekannt und nannten ihn nicht auf eine zärtliche, sondern verächtliche Weise bei seinem Vornamen Anton, da er doch anfing, sich unter die erwachsenen Leute zu zählen. Kurz, diese Leute behandelten ihn so, daß er den ganzen Freitag über mißmutig und traurig zu sein pflegte und zu nichts recht Lust hatte, ohne oft zu wissen worüber, es war aber darüber, daß er den Mittag der erniedrigenden Begegnung dieser Leute ausgesetzt war, deren Wohltat er sich doch notwendig wieder gefallen lassen mußte, wenn es ihm nicht als der unverzeihlichste Stolz sollte ausgelegt werden.

Am Sonnabend aß er denn bei seinem Vetter, dem Perückenmacher, wo er eine Kleinigkeit bezahlte und mit frohem Herzen aß, und den Sonntag wieder bei dem Garnisonküster.

Dies Verzeichnis von Reisers Freitischen und den Personen, die sie ihm gaben, ist gewiß nicht so unwichtig, wie es manchem vielleicht beim ersten Anblick scheinen mag – dergleichen klein scheinende Umstände sind es eben, die das Leben ausmachen und auf die Gemütsbeschaffenheit eines Menschen den stärksten Einfluß haben. Es kam bei Reisers Fleiß und seinen Fortschritten, die er an irgendeinem Tage tun sollte, sehr viel darauf an, was er für eine Aussicht auf den folgenden Tag hatte, ob er gerade bei dem Schuster Schantz oder bei der Frau Filter oder dem Garnisonküster essen mußte. Aus dieser seiner täglichen Situation nun wird sich größtenteils sein nachheriges Betragen erklären lassen, welches sonst sehr oft mit seinem Charakter widersprechend scheinen würde.

Ein großer Vorteil würde es für Reisern gewesen sein, wenn ihn der Pastor Marquard wöchentlich einmal hätte bei sich essen lassen. Aber dieser gab ihm statt dessen einen sogenannten Geldtisch so wie auch der Seidensticker; von diesen wenigen Groschen nun mußte Reiser wöchentlich sein Frühstück und Abendbrot bestreiten. So hatte die Frau Filter es angeordnet. Denn was der Prinz hergab, sollte alles für ihn gespart werden. Sein Frühstück bestand also in ein wenig Tee und einem Stück Brot, und sein Abendessen in ein wenig Brot und Butter und Salz. Dann sagte die Frau Filter, er müsse sich ans Mittagessen halten, doch gab sie ihm zu verstehen, daß er sich ja hüten müsse, sich zu überessen.

WILHELM BUSCH

«Sprikker»

Der eine trägt Holz, der andre wärmt sich dran.

Dummheit ist auch eine natürliche Begabung.

Ein böses Weib soll man dem Teufel zum Geburtstag schenken.

Erfüllte Wünsche kriegen Junge, viele wie die Säue.

Erwischtes Laster verzeiht eher als erwischte Dummheit.

An den alten Bäumen hämmert der Specht am meisten.

Manche Wahrheiten *sollen* nicht, manche *brauchen* nicht, manche *müssen* gesagt werden.

Lästige Gedanken sind wie zudringliche Stechmücken.

Die Wahrheit ist zu schlau, um gefangen zu werden.

G. CH. LICHTENBERG

Der Herr Professor in Hannover

Im März 1772 – Unter handgreiflichem Schutz des Himmels, der mich mit Sonnenschein und Lerchen-Gesang von Ayrers Garten an bis an das Calenberger Tor begleitet hat, bin ich vorgestern bei guter Gesundheit hier eingetroffen. Ich logiere am Ende der Marktstraße, da wo sie anfängt, die breite Straße zu heißen, nahe bei der Aegidien-Kirche. Mein Wirt ist ein Glaser namens Metmershausen, ein solcher Philister als jemals einer pereieret worden ist, die Frau Glaserin, die ich künftig immer Frau von Metmershausen nennen werde, scheint mir eine gute Frau zu sein, sie kleidet sich hoch und geht nicht viel niedriger, scheint aber zu fühlen, daß ein Göttingischer Professor beinah so viel ist als ein Hannöverischer Glaser ...

Höre, Schatz, Hannover ist kein so übler Ort bei dem bösen Wetter, was wird er erst beim guten sein, ich habe nun den Wall und einige Spaziergänge gesehen, und mit meiner Einbildungskraft hier und da das fehlende Grün und die fehlende Gesellschaft hinzugesetzt, ich kann dir nicht beschreiben, wie sie sich ausnahmen. – Frau von Metmershausen ist sehr höflich und akkordiert mir alle Tage etwas mehr. Von Anfang versagte sie mir sogar Lichtscheren, Gläser und dgl. jetzo bin ich schon an ihr Weißzeug gekommen. – Die Magd im Hause ist ein ganz sonderbares Geschöpf: Sie kommt selten auf meine Stube, ausgenommen wenn sie das Bett macht; wenn sie zur Türe hinausgeht, so dreht sie sich herum und sagt mit einem Knicks: ich empfehle mich Ihnen, und zuweilen, wenn es die Zeit trifft, wünscht sie mir gesegneten Kaffee, alles in vollem Ernst ... Wenn sie mein Nachtgeschirr hinausträgt, so wird sie gemeiniglich rot, und dann sieht sie ganz artig aus. Eine seltsame Verbindung von Ideen, denke ich, muß jetzo unter jener Haube gemacht werden, um bei einem Nachttopf zu erröten.

April 1772 – Ich wohne nun völlig im Garten, eine vortreffliche Wohnung für ein ruhiges Gewissen. Ich kann fischen und habe einen Vogelherd und sehr schöne Spaziergänge, zuweilen wenn ich da gehe, zufrieden und satt, und überhaupt der Kopf mit dem Unterleib im Gleichgewicht steht, so wünsche ich mir öfters hier ewig in diesem Gartenhaus zu wohnen, ich achte dann die ganze Welt nicht des Insektes wert, das in einer Träne ertrinkt. Von ganzer Seele ist dieses gesprochen, ich habe einige Abende in Hannover ganz allein zugebracht, denen ich nur einige wenige meines Lebens gleichsetzen kann, Stunden, von denen ich sagen kann, die habe ich gelebt.

Mein Gott, was für ein Bauernmägdchen habe ich soeben gesehen! Sie hatte eine feine Serviette über den Kopf geschlagen und unter dem Kinn zugesteckt, ich kann noch nicht begreifen, woher ich weiß, daß sie eine Serviette um den Kopf hatte, denn meines Wissens habe ich ihr nur immer grade auf die Augen und auf den Mund gesehen ... Gütiger Gott, dachte ich bei mir selbst, was sind doch alle irdischen Apotheker-Augen-Salben gegen die deinigen gerechnet, und mit diesem Gedanken kehrte ich meine Augen weg, damit so wenig als möglich von der Salbe auf das Herz fiele.

Mai 1772 – Vor ohngefähr 8 Tagen hätte ich sehr unglücklich sein können, ich ging an einem schönen Abend um 5 Uhr hinter den Wald spazieren, und kam, ehe ich es mich versah, etwa 20 Schritte vor einen der Hannöverischen Bullen auf der Viehweide zu stehen. Ich stutzte nicht wenig, weil ich merkte, daß er auch stutzte, wir hatten uns kaum eine halbe Minute angesehen, so fing er an, mit dem Fuß zu scharren oder vielmehr den Takt zu einem recht teuflischen Baß zu schlagen, den er brummte – zum Glück war keine 10 Schritt von mir ein Garten mit einer ziemlich niedrigen Hecke, nach diesem retirierte ich mich. In demselben Augenblick fing er auch an, mich zu verfolgen. Sie können nicht glauben, was das für ein Schrecken war, ich entkam aber glücklich, wiewohl mit etwas zerkratzten und verbrannten Händen, denn ich mußte erstlich durch einige Außenwerke von Brennesseln brechen, in den Garten. Sobald ich über der Hecke war, stund er stille und fing aus vollem Halse gegen mich an zu brüllen ... Ich dankte Gott, daß ich aus dem Handel war, und um nicht für einen verwegenen Einsteiger gehalten zu werden, ging ich hinunter nach dem Gartenhaus, wo ich einen alten ehrlichen Mann antraf, dem ich einige Groschen für die Erbsen und Bohnen gab, die ich zertreten hatte. Dieser Mann erzählte mir, daß dieser Bulle schon viel Unglück angerichtet hätte. Hierauf ging ich zur Garten*türe* hinaus und nahm, wie die Weisen aus dem Morgenland, dem Herodes auszuweichen, einen ganz andern Weg nach Haus, doch nicht ohne mich ein paar dutzendmal sehr scheu umzusehen ...

Korrekt, ganz Dame, fragt Frau Diepensack am Fischstand: «Haben Sie Aale?»

Darauf die Marktfrau in einwandfreiem Hannoverisch: «Nan, ich häöbe Zaat (Zeit).»

Frau Diepensack bemerkt das Mißverständnis und fragt noch einmal spitz: «Ich möchte wissen, ob Sie Aale haben?»

«Wäörum Aale – Ich häöbe Zaat.»

«Sie haben also keine Aale?» stellt die Kundin fest.

Schweigen. Die Dame begreift, daß sie so nicht zum Ziel kommt und besinnt sich auf ihr angestammtes Hannoverisch: «Aber Äöle haben Sie doch?»

«Fraalich – Äöle, jäö!»

Wilhelm Busch mußte zum Zahnarzt. Er läutet bei einem Dentisten am Hundemarkt, der den berühmten Mann sofort erkennt und die Ehre zu schätzen weiß. – Doch der Zahn saß fest. Der Dentist zog und zog, der Dichter litt, hielt aber wacker stand. Endlich ein Ruck, ein letztes Knirschen und Krachen, daß Busch Hören und Sehen verging; der Zahn war raus. «Dunnerhagel und Pappedeckel», ächzte Busch, «dat war aber eine verdammte Schinderei, Mann!» – «Dat geit ok ohne Smerz», strahlt der Dentist, «aberst ek dachte, Sei könnt seck ok bi so'n Tahn verlustieren!»

Über die Ungerechtigkeit der irdischen Güterverteilung am Stammtisch diskutierend, meint Piepenbrink sinnierend: «Wat hilft dich denn das Viele, wenn de man wenig davon hast? – Lieber 'n büschen weniger un denn 'ne anständige Portion devan!»

Pastor Sackmann, ein gewaltiger Prediger vor dem Herrn, in Hannover jedem Kind bekannt, ist auf dem Heimweg vom Sonntagsgottesdienst. Über die Erzväter hat er gepredigt. – Drei Studenten aus Helmstedt, die der Teufel ritt, stellten sich dem Gewichtigen in den Weg, schwenkten die Hüte in falscher Ergebenheit und grüßten: «Guten Morgen, Vater Jakob!» – Sackmann stutzte, zögerte einen Augenblick, schnappte dann eins der Studentlein am Ohr, das er genüßlich zwirbelte, während er gelassen erklärte: «Eck bün weder Äöbräöham noch Isäöack, noch Jäöcob. Sonnern Saul, der Sohn des Kis, der auszog, saanes Väöters verlorene Esel zu suchen. Wie freuet es mich, daß ich sie alle draa vor mir häöbe!»

Stammtischfragen. Nummer eins: «Wer ist Berlins Lehrmeister gewesen?» – «Im Kursbuch steht's: Hannover – Lehrte – Berlin!»

Frage Nummer zwei: «Welches ist die wildeste Stadt Deutschlands?» – «Hannover! Von Anbeginn an mußte sie an die Leine gelegt werden.»

Und Nummer drei: «Wie weit sieht man vom Rathausturm?» – «Erst das Häusermeer.» Weiter? «Dann das Steinhuder Meer.» Weiter? – «Jäö, dann siehste gor nix mehr ...»

Der Schorse ist überzeugter Vegetarier und zieht in seinem Schrebergarten, was er zum Leben braucht. Eines Tages ertappt ihn der Nachbar, wie er mit bestem Appetit eine Hasenkeule verzehrt. Er ist überrascht, schockiert: «Du bist doch 'nen Vegetarier und nun spest de einen Hasenbraten!»

«Grad drum», erklärt der Schorse, «eck bin Vegetäörier. Äöber saatdem meck die Biester ümmer den schönsten Kohl wegfräten – däö nähme eck Rache!»

Ein Jüngling überreicht Wilhelm Raabe sein «Freundschaftsalbum» und erfleht vom Dichter ein paar Zeilen. Raabe überlegt und schreibt: «Es gibt drei Klassen von Freunden. Erstens solche, für die man immer da sein muß; zweitens solche, die mit einem Staat machen möchten, und drittens solche, die einen in Ruhe lassen. Diese aber sind mir am liebsten!»

WERNER FELITZ

Der klügste Kopf der Stadt
Eine Rategeschichte

Es ist genau dreihundert Jahre her, daß Welfenherzog Johann Friedrich, der ebenso beliebte wie beleibte «Sonnenkönig an der Leine», einen ziemlich ausgefallenen Weihnachtswunsch äußerte: Er wünschte sich zur Zierde seiner Residenzstadt Hannover einen jungen Gelehrten – aber nicht irgendeinen, sondern einen ganz bestimmten, nämlich den klügsten, den Mitteleuropa zur Zeit aufzuweisen hatte. Der war natürlich nicht so leicht zu bekommen, denn erstens stand das dreißigjährige Phänomen beim Kurfürsten von Mainz unter Vertrag, zweitens war der Hannoveraner nicht der einzige Monarch, der das Genie an seinen Hof ziehen wollte, und drittens wußte der Vielbegehrte sehr wohl, was er wert war, und genoß es, von weltlichen und geistlichen Potentaten umworben zu werden.

Warum die hohen Herren auf den stolzen Besitzer zweier Doktorhüte und universaler Bildung so erpicht waren? Einmal, weil in Europens viel zu zahlreichen Herrscherhäusern wie eine Epidemie Erbfolgestreitigkeiten grassierten, die nur mit einer Überdosis an gesundem Menschenverstand und raffiniertem Kalkül lösbar schienen – und unser Mann war nicht nur ein Rechtsgelahrter, sondern hatte in Paris auch praktische Erfahrungen als Scheidungsanwalt gesammelt. Ganz abgesehen davon war die geistige Armut dreißig Jahre nach dem Dreißigjährigen Krieg mindestens ebenso groß wie die leibliche und ein kluger Kopf meist amüsanter als ein aristokratischer. Darum galt es denn in den Salons der Haute volée als Dernier cri, statt der Säbel von schwadronierenden Militärs den Geist blitzen zu lassen. Natürlich auf Französisch.

Das Französische bevorzugte auch der junge Gelehrte, der an einem Dezembertag kurz vor Weihnachten 1676 mit der Postkutsche in Hannover eintraf. Er stammte zwar aus Leipzig, doch als Mann von Welt hütete er sich freilich, Sächsisch zu sprechen. Mußte er, ein Mann des Geistes, aber wirklich so weit mit der Mode gehen, daß er eine blonde Allongeperücke trug, die noch pompöser und länger war als die jenes Franzosenkönigs, der Sitten und Geschmack seiner Zeit nachhaltiger geprägt hat als irgendein anderer Souverän vor ihm und nach ihm? Hätte nicht auch ein etwas weniger auffallender Kopfputz den allzufrüh kahl gewordenen Schädel und die taubeneigroße Geschwulst im Nakken bedeckt? Gewiß. Andererseits: Warum sollte er, der pfiffige Physikus, seinem von Natur aus unscheinbaren Äußeren nicht mit Hilfe optischer Täuschungen etwas mehr Imposantheit verleihen!

Deswegen war er noch längst kein typischer Barock-Lebemann – im Gegenteil! Wenn es tatsächlich etwas gab, was dieser reine Verstandesmensch nicht verstand, dann war es das: so gut zu leben wie die privilegierte Gesellschaft um ihn herum. Anders gesagt: Wenn sein Denken und Planen auch mühelos Jahrhunderte und die Grenzen des Möglichen übersprang, so gelang es ihm doch nicht, über seinen eigenen Schatten zu springen. Und diese Einsicht verstimmte ihn bisweilen.

Zum Beispiel bei seiner Ankunft in Hannover, und dafür gab es verschiedenen Gründe: Soeben hatte er, der sonst mit Lob Überhäufte, von Baruch Spinoza, einem der größten Philosophen seiner Zeit, eine gehörige Abfuhr bekommen. Dergleichen war ihm noch nie geschehen, und er mochte ahnen, daß er sich daran würde gewöhnen müssen, von der Konkurrenz attackiert zu werden; schließlich war er kein neunmal kluger Wunderknabe mehr, sondern ein ambitionierter Politiker. Was ihm hingegen nicht das erstemal passierte: daß er völlig abgebrannt war, denn die hohen Herren, denen er bald als Rechtsberater, bald als Sondergesandter, als Hofchronist oder auch nur als kulturelles Aushängeschild diente, pflegten ihn eher mit Huld als mit Geld zu honorieren. Deshalb mochte er sich in diesem Augenblick, als er den Fuß erstmals auf hannoverschen Boden setzte, fragen, ob er sich richtig entschieden hatte, und insgeheim schwören, die Dauer seines Aufenthalts in dieser Stadt von der pekuniären Großzügigkeit seines neuen Brotherrn abhängig zu machen.

Vielleicht wäre er gar nicht erst aus der Kutsche gestiegen, wenn eine Stimme des Schicksals ihm zugeflüstert hätte, er würde vierzig Jahre an diesen Ort gebunden sein. Doch er vernahm keine solche Stimme – obwohl er sich doch auch als Metaphysiker bezeichnete und in seine Schriften gern attraktive Prophezeiungen einfließen ließ. Und so stieg er ahnungslos aus und blieb fürs ganze Leben: zum größeren Ruhme Hannovers – wie zur größeren Belastung der ohnehin zerrütteten Staatskasse.

Der halbwegs fortschrittlich gesinnte Welfenherzog sollte sehr bald erfahren, daß die Ankurbelung der Volkswirtschaft wenigstens ebenso kostspielig wie der Unterhalt einer Mätressenwirtschaft ist und ein großer Mathematiker nicht unbedingt ein nüchterner Rechner, selbst wenn er eine praktikable Rechenmaschine erfunden hat. Und das kam so: Das lebende Weihnachtsgeschenk, das sich der Souverän selbst beschert hatte, entwickelte alsbald die mannigfaltigsten Initiativen. Da er sich seinem künftigen Herrn einst in einer Anwandlung von faustischem Übermut als «Universal-Erfinder» vorgestellt und in einer langen Epistel aufgezählt hatte, was alles er zu leisten imstande sei, mußte er nun zeigen, was er konnte. Etwa als Techniker, beispielsweise im Harz.

Er erbot sich, aufgrund neuartiger aerodynamischer Vorrichtungen die durch ständige Wassereinbrüche wenig ergiebigen Erzgruben und Silberminen von Clausthal sicherer und rentabler zu machen. «Windkunst» nannte er das von ihm ausgetüftelte Verfahren ... Und als eine solche erwies sie sich dann auch. Nach sechs Jahren aufwendiger Konstruktionen und Experimente mußten die herzoglichen Finanzinspektoren feststellen, daß das Projekt des genialen Erfinders der Unendlichkeitsrechnung lediglich unendliche Summen verschlungen hatte. Der

Landesherr reagierte darauf ausgesprochen indigniert und verweigerte dem erfolglosen Experimentator nicht nur den Titel eines Direktors des Maschinenwesens, er lehnte es auch ab, ihn ersatzweise zum Generalverwalter der eingezogenen Kirchengüter zu machen. Also blieb er Bibliotheksverwalter im Range eines Hofrats, und um seinen nimmermüden Geist mit einer etwas weniger Kapital verschlingenden Arbeit zu beschäftigen, erhielt er den Auftrag, eine Geschichte des Welfengeschlechts von den Anfängen bis in die Gegenwart zu verfassen. Wer konnte denn voraussehen, daß die Reisen, die der Herr Hofhistoriograph zum Zwecke des Quellenstudiums für sein Werk viele Jahre lang durch halb Europa unternahm, genausoviel Geld kosten würden wie die «Windkunst» – und die Chronik nie fertig werden sollte.

Es scheint so, als wäre dieser angeblich gescheiteste Mann der Epoche bei all seinen Unternehmungen gescheitert. Der Wahrheit zu Ehren müssen wir nämlich noch hinzufügen, daß ihm auch viele andere Pläne und Projekte mißlangen oder sich als undurchführbar erwiesen: sowohl sein Versuch, Ludwig XIV. zu einem Kreuzzug nach Ägypten zu bewegen, auf daß er von seinen Expansionsgelüsten in Europa ablasse, als auch sein Angebot an Peter den Großen, das Eismeer schiffbar zu machen; ganz zu schweigen von der Einführung einer Universalsprache und seinen hartnäckigen Bemühungen um die Wiedervereinigung der christlichen Kirchen.

Woher nahm dieser «Ritter der Vernunft» den Optimismus, all das vollbringen zu können? Ja, wie konnte er, dem beinahe alles fehlschlug, der selten vollendete, was er begonnen hatte – wie konnte er so berühmt werden? Die Antwort ist einfach; manchem seiner Kritiker war sie sogar zu einfach: Er war seiner Zeit weit voraus, er dachte in Kategorien der Zukunft. Einstein und Max Planck, Albert Schweitzer und die Initiatoren der UNO und einer Weltdatenbank hätten seine Gesprächspartner sein müssen statt der biederen Geistesleuchten, der Hofschranzen und Souveräne, mit denen er vorliebnehmen mußte. Es gibt kaum eine bedeutende Errungenschaft unserer Tage, die nicht von ihm vorausgedacht, von ihm gefordert worden wäre, sei es ein Forum aller Nationen zur friedlichen Beilegung internationaler Differenzen, sei es eine Entwicklungshilfe für ärmere Völker oder die systematische Verarbeitung aller bekannten Daten und die Erforschung des Kosmos. Doch die Zeit war noch nicht reif dafür.

Am deutlichsten zeigte sich dies im völligen Mißverstehen jener von ihm aufgestellten Behauptung, die der Ausgangspunkt seines ganzen

Denkens war und noch heute als geflügeltes Wort mit dem gleichen Kopfschütteln zitiert wird wie einst von Voltaire. Den inspirierte die scheinbar kindlich-naive Weltanschauung des teutschen Oberoptimisten zu einem satirischen Roman, der ein Riesenlacherfolg wurde – freilich auf Kosten unseres hannoverschen Sokrates – und noch heute mit Vergnügen gelesen wird.

Warum ward unserem heimischen Genius und Fürstenliebling ein solcher Triumph nicht zuteil? Weil nicht das Bücherschreiben seine Stärke war, sondern das Briefeschreiben. Sein noch immer nicht vollkommen überschaubares Gesamtwerk besteht zum größten Teil aus Einzelschriftstücken. Mehr als 75 000 hat man bisher gezählt, davon sind 15 000 Briefe! Er schrieb im wahrsten Sinne des Wortes an Gott und die Welt – in Prosa und in Versen, in einem halben Dutzend Sprachen und über alles Erdenkliche: an Kaiser Leopold in Wien sogar über die «Inflation des Geschriebenen».

Seine geistreichsten und innigsten Briefe richtete er an eine Dame der höchsten Gesellschaft, doch es waren durchaus keine Liebesbriefe. Trotzdem ließ der eifersüchtige Gatte alle philosophischen Ergüsse aus Hannover, deren er habhaft werden konnte, verbrennen. Geist war dem Großvater Friedrichs des Großen nun mal suspekt, und eine im wahrsten Sinne des Wortes platonische Beziehung zwischen Mann und Frau ging vollends über das Vorstellungsvermögen Seiner Majestät, die mit dem Gefühlsleben eines brandenburgischen Feldsteins ausgestattet war.

Kann man es dem frustierten Akademiengründer und ewigen Junggesellen unter diesen Umständen verdenken, daß er sich das Minimum an Süße des Lebens, das der Mensch braucht, auf sehr direkte Weise zu verschaffen trachtete? Er pflegte sich den Tischwein zu zukkern und beim Dessert mehrmals zuzulangen. Auch ergötzten ihn nach eigenem Bekenntnis «starke Gerüche» sehr. Vielleicht war eine dieser Vorlieben die Ursache für das Steinleiden, an dem er, siebzig Jahre alt, qualvoll starb. Doch warum wohl gab dem klügsten Kopf der Stadt keine der Hannoverschen Honoratioren das letzte Geleit, als der Leichenwagen ihn von seinem Haus, einem prachtvollen sechsstöckigen Renaissancebau, zur Neustädter Kirche brachte? Das wird immer ein Rätsel bleiben. Auch der französische Korrespondent, der empört in die Heimat meldete: «Er wurde wie ein Hund begraben», wußte keine Erklärung dafür.

Ob man heute wenigstens noch weiß, wie er hieß, der größte Logiker aller Zeiten?

Wenn auch nur wenige Hochgebildete seine Schriften studiert haben, so ist doch sein Name seit bald einem Jahrhundert buchstäblich in aller Munde. Jedermann kennt ihn, und manch einer läßt ihn vielleicht gerade in diesem Augenblick genüßlich auf der Zunge zergehen. Diesen süßen Nachruhm verdankt er einem bestimmten Hannoverschen Produkt.

Wie lautet die meistens mißverstandene Devise seines Denkens, die zum geflügelten Wort wurde? Wie hieß die Königin seines keuschen Herzens und an welche Adresse in Hannover richtete sie ihre klugen Briefe an den klügsten Kopf der Stadt, ja, den klügsten Kopf der Welt?

Wenn Sie den Gesuchten persönlich fragen möchten: Er sitzt tagaus, tagein im Herrenhausener Georgengarten – in nachdenklicher Pose. Wie könnte es anders sein?!*

* Des Rätsels Lösung und einige Erläuterungen zu den in dieser Rategeschichte etwas geheimnisvoll umschriebenen Tatsachen findet man aber auch auf Seite 154.

HELFRICH PETER STURZ

Der Herr im Hause

Ich verlange durchaus Herr im Hause zu bleiben, sagte neulich Herr Simon, nicht aus Steifsinn, denn ich bin verträglich, sondern aus Grundsätzen, lieber Sturz. Glauben Sie mir, das beste Weib hat seltsame Launen, und taumelt unter Grillen und Torheiten herum, wenn sie nicht zum Gehorsam geübt wird.

Ist das so leicht, Herr Simon?

Er: Alles besteht in der Methode, lieber Sturz. Wenn man nie etwas abschlägt oder begehrt, als mit vernünftigen Gründen, die man, wie Sie wissen, immer findet, so lernt die Frau bald den Willen ihres Mannes für den klügsten Willen halten, und folgt dann ohne Widerspruch.

Ich schwieg betroffen; denn, im Vertrauen gesagt, der häusliche Mut dieses redlichen Mannes wird in der Stadt nicht gebührend erkannt. Jedermann glaubt vielmehr, daß ihn seine Dame, obwohl an einem seidenen Faden, doch sicher wie in Ketten leitet.

Es ist Sünde, dachte ich, so ein Wohlbehagen, so ein täuschendes Gefühl der Kraft zu stören; doch entfiel mir, daß es Täuschungen gäbe, daß mancher Günstling eigenen Willen dem Sultan für den seinigen verkaufe, und daß eine jede Frau eine geborene Staatskünstlerin sei.

Ei, Possen! Possen! rief Herr Simon. Ja, wenn man ihre Winkelzüge nicht endlich durchgeforscht hätte! Wer mit den Wendungen ihrer List, mit dem Labyrinth ihrer Einbildung bekannt ist, der lauscht am rechten Ort und hört sie auf den Zehen kommen. – Herr Simon, sprach ich, lieber Herr Simon! es gibt aber doch eine Menge Krümmen, die sich nicht berechnen lassen.

Vor einigen Tagen traf ich die Frau meines Freundes allein zu Hause, ein freundliches, angenehmes Weib, die so natürlich spricht und handelt, daß, wenn sich Frau Simon verstellt, Verstellung notwendig die Natur der Damen sein müßte. – Herrliches Wetter! rief sie mir entgegen. Jetzt wäre das so eine rechte Zeit, um den Hallerbrunnen zu besuchen. Die Gegend, sagt man, ist wunderschön; wollen Sie mit von der Partie sein?

Ich: Wenn es morgen sein kann, herzlich gern.

Sie: Morgen? Gut! Es bleibt dabei. Je eher, je lieber! Das Wetter kann sich ändern.

Ich: Ob's auch Herr Simon zufrieden sein wird?

Sie (lächelnd): Mein Mann ist, wie Sie wissen, ein gütiger Mann, und schlägt mir ein unschuldig Vergnügen nicht ab. Machen Sie sich nur immer zurecht; wir fahren um sechs präzise. – Hier wurde sie abgerufen, und ich setzte mich im Bücherkabinett meines Freundes nieder.

Nach einer halben Stunde trat Herr Simon unter einem lebhaften Gespräch mit seiner Frau ins Vorzimmer, und weil ich das Wort Deister hörte, so lauschte ich neugierig, wie die Sache wohl negoziiert werden möchte. Hier ist der interessanteste Teil ihres Gespräches.

Frau Simon: Du hast recht, mein Lieber, es ist eine teure Langeweile. Man jagt über die kahle Chaussee, ißt und trinkt schlecht, ermüdet sich, erhitzt sich und kriegt am Ende nichts als Bäume zu sehen, die man in der Nähe haben kann. – Herr Sturz ist gewaltig für die Reise eingenommen.

Herr Simon: Ich diene meinen Freunden gern; nur müssen sie nicht verlangen, daß ich mich ihretwegen ennuyieren soll. Außerdem geht's morgen nicht; ich habe dringende Geschäfte und weiß mich kaum durch die Papiere zu finden. Überhaupt sind mir alle Partien zuwider, wo man so feierlich nach Freude läuft und sie erst findet, wenn alles vorbei ist. Ach, rufen wir dann ermüdet, – wie froh bin ich, wieder zu Hause zu sein!

Frau Simon: Eben das ist meine Meinung, und damit ist's aus. Sturz mag sich eine andere Gesellschaft suchen. Nein, das herrliche Wetter will ich besser anwenden, und morgen kann ich endlich tun, was ich schon so lange willens war. Deine Stube hier, die Bücherkammer will ich nun einmal recht waschen, scheuern und reinigen lassen; alles muß hier umgewandt und in eine vernünftige Ordnung gebracht werden. Jetzt trocknet's geschwind, und so wirst du endlich den ekelhaften Unrat los.

Herr Simon: Dortchen, nein, um Himmels willen, das geht noch weniger an! Euer Kramen und Poltern, weißt du doch, ist mir ein rechter Abscheu. Laß das bis auf ein andermal gut sein; morgen muß ich arbeiten.

Frau Simon: Aber könntest du nicht, lieber Mann, ein paar Tage in der kleinen Torstube sitzen? Ich muß mich wahrlich schämen, wenn hier ein Fremder kommt. Alles das legt man endlich der Frau im Hause zur Last. Einmal muß es doch geschehen.

Herr Simon: Ja, und soll auch geschehen; aber nur, wenn ich nicht zu Hause bin.

Frau Simon: Damit hältst du mich nun schon viele Monate hin. Zürne nicht, mein lieber Mann, diese Unordnung macht uns beiden wenig Ehre. Ist es gesund, ist es angenehm, in einem solchen Stalle zu leben? Ist es schicklich, irgend jemand hier hereinzuführen? Auch du wohnst gern in einer reinlichen Stube. Wie dir's so wohl sein wird, wenn der Greuel einmal weg ist, wenn dein Zimmer durch die gesunde Frühlingsluft recht durchgeweht und durchgereinigt ist.

Herr Simon (nach einigem Nachdenken): Hör, mir fällt etwas ein, weil doch Sturz seinen Sinn darauf gesetzt hat – so laß uns nach dem Deister reisen – unterdessen mögen sie poltern.

Frau Simon: Gut, lieber Mann! Reise du mit ihm hin und mache dir viel Vergnügen – ich will alles wohl besorgen.

Herr Simon: Nein, Madame, das war die Meinung nicht! Da fehlen mir hundert Bequemlichkeiten – ohne die reise ich nicht von der Stelle.

Frau Simon: Kann der Schreiber nicht acht geben, daß man die Papiere nicht berührt, und die Bücher abnehmen und aufsetzen? Ist dazu deine Gegenwart nötig?

Herr Simon: Nein, Kind – aber Sie reisen mit, wenn es gefällig ist.

Frau Simon: Lieber Mann!

Herr Simon: Kurz und gut! Eine Gefälligkeit ist der andern wert; und wenn ich in das Ausräumen willige, so mußt du mit nach dem Deister.

Frau Simon: Werde nicht heftig, lieber Mann, deine Wünsche sind Befehle für mich; ich will gleich die Berutsche bestellen. – Hier umarmten sie sich, und ich schlich aus der Hintertür leise die Treppe hinab. Wir reisten nach dem Deister.

Als wir in den Wagen stiegen, drückte mir Herr Simon freundlich mit den Worten die Hand: Diesen Tag haben Sie mir zu verdanken. Meine Frau wollte durchaus nicht dran; aber sie versteht zu gehorchen.

HERMANN LÖNS

Am Graben

Unter dem Galgenberge mündet ein Graben in die Bucht des Sees; er kommt von den Wiesen und ist das ganze Jahr über in seinem unteren Teile mit Wasser gefüllt. Seine Ufer tragen reichen Blumenschmuck, und allerlei Kräuter wachsen in ihm, Froschlöffel, Wasserhahnenfuß, Riesenampfer, Schwertlilie, Binsen, Riedgräser, Vergißmeinnicht, Bachlungenkraut und in der Nähe des Sees auch Froschbiß und Krebsschere. Deshalb ist sein Tierleben reich; es wimmelt in dem Wasser von Kaulquappen und Molchlarven, Köcherraupen, Kleinkrebsen, Wasserkäfern, Mückenlarven, Milben, Schwimmwanzen, Würmchen, Polypen, Schnecken und Müschelchen.

Auch Libellenlarven finden sich in Menge, besonders die Larven der Schmaljungfern, zierliche, schlanke Geschöpfe, die viel hübscher aussehen als die Larven der großen Libellen und auch in ihren Bewegungen netter sind, denn wenn sie gestört werden, so schlängeln sie sich schnell und gewandt durch das Wasser.

Meistens aber sitzen sie verborgen im Kraute, durch ihre Farbe vor ihren Feinden geschützt, deren es nicht wenige gibt. Nicht nur die Stichlinge und Molche stellen ihnen nach, auch die Wasserskorpione und Schwimmwanzen, die Wasserspinnen und die Schwimmkäferlarven und besonders die Larven der großen Libellen.

Deshalb halten sie sich in dem dichten Gewirre des Gekräutes verborgen, meist regungslos hängend, die drei langen, bunt gebänderten Kiemen am Ende des Hinterleibes weit auseinandergespreizt, und lauern auf Beute.

Zumeist sind es Wasserflöhe, von denen sie leben. Tanzt eine Daphnie oder ein Hüpferling dicht an ihnen vorbei, oder zappelt eine Mükkenlarve bei ihnen vorüber, so schnellen sie die große, breite Fangmaske vor, ziehen sie mit der darin festgeklemmten Beute zurück, und die Kiefer zerpflücken sie.

Auch in den Uferlachen des Seeufers, in dem Teiche, in den dichten Wasserhahnenfußbänken, die im See treiben, wimmelt es von Schmaljungferlarven, und wenn die warmen Sommertage kommen, hängen überall an den Halmen und Blättern die leeren, durchsichtigen, weißlichen Nymphenhüllen und bei stillem Wetter flirrt und flimmert es um alle Büsche.

Es sieht dann aus, als ob lauter goldgrüne, himmelblaue und rubinrote Nadeln in der Luft umherfliegen, denn viel dicker als Stecknadeln sind die Leiber der Schmaljungfern nicht, und ihre Flügelchen sind so zart, daß sie in der Sonne nur wie ein Schimmer wirken.

Es sind niedliche Tänzer, die Schmaljungfern, schüchterne Schweber, ganz von Sonne und Windstille abhängig. Wenn das Wetter warm und die Luft still ist, leben sie auf und flirren um die Büsche; bezieht sich der Himmel, versteckt sich die Sonne, weht der Wind kühl, dann hängen sie mit fest an den Leib gedrückten Flügeln still und traurig an den Blättern.

Sie jagen auch anders als die großen Wasserjungfern, sie erhaschen ihre Beute nicht im Fluge. Sie flattern um die Zweige der Büsche, und wo sie eine Blattlaussiedlung erspähen, da lassen sie sich nieder, pflücken die saftigen Tierchen ab und verzehren sie. Da Tausende von ihnen in den Büschen und im Grase umherschwirren, so wird durch sie tüchtig dafür gesorgt, daß die Blattläuse nicht überhandnehmen. Auch die eben ausgeschlüpften, zarten, winzigen Raupen haben in ihnen böse Feinde.

Doch auch ihnen selber mangelt es nicht an Nachstellung. Wenn sie dicht über den Boden hinflirren, werden sie von den Fröschen fortgeschnappt, die Eidechse erhascht sie im Sprunge, die Waldmaus greift sie, wenn sie im Grase schlafen, und allerlei Vögel stellen ihnen nach. Ihre schlimmsten Feinde aber sind die Spinnen; ist das Netz auch noch so zart, die leichte Schmaljungfer bleibt darin hängen, und in allen Spinnweben an dem Graben entlang schimmern ihre silbernen Flügelchen und blitzen ihre himmelblauen, goldgrünen und rubinroten Leiber in der Sonne. Daneben aber flirren die dahin, die den Spinnen entgingen, in lustiger Liebesjagd. Hier fährt ein goldgrünes Weibchen hinter einem dunklen, blaugeringelten Männchen her, dort hat ein glührotes Männchen das düstere Weibchen mit der Liebeszange gefaßt und flattert mit ihm dem nächsten Blatte zu, da bildet ein Pärchen eine seltsame Schlinge, darunter zwingt ein Männchen das Weibchen, ihm zum Willen zu sein, und auf jedem Blatt sträubt sich ein Weibchen mit wildem Geflatter gegen die Liebkosungen eines Männchens, das nicht von seiner eigenen Art ist.

Seltsam ist die Liebe der Libellen, ganz seltsam. Mit den Beinen faßt das Männchen das Weibchen am Rückenschild, und wenn es ihm nicht mehr entgehen kann, dann packt die sonderbare Zange, die es am Ende des Leibes trägt, den ersten Brustring des Weibchens. Hin und her schiebt der Leib des Männchens das Weibchen, heftig flattern beide, aber schließlich wird das Weibchen von der Erregung des Männchens angesteckt, es krümmt den Hinterleib nach unten, schiebt ihn unter seinen Beinen her, nähert das Ende seines Leibes der Brust des Männchens und vereinigt sich mit ihm. So bildet das Pärchen eine merkwürdige Figur, eine eigenartige Schleife; des Männchens Hinterleibspitze umfaßt den Rücken des Weibchens, und dessen Leibesende ist mit der Unterseite des Vorderleibes des Gatten vereinigt.

Eine Wolke richtet sich vor der Sonne auf; mit einem Schlage ist das Geflirre und Geblitze zu Ende. Matt, der Kraft beraubt, fallen die zierlichen Tiere auf die Blätter und bleiben an den Halmen haften, den Leib waagrecht ausstreckend und seine Farbenpracht mit den Flügeln verhüllend. Auch hierin ähneln sie den anderen Jungfern nicht, die mit gespreizten oder emporgerichteten Schwingen ruhen. Sie aber dürfen das nicht; zu zart sind sie, und die Brise, die die Wolke brachte, würde sie in das Wasser wehen, wo die Ukleis auf sie lauern.

Doch die Wolke ist schon wieder fortgezogen; eins nach dem anderen von den Silberstäbchen lüftet die Flügel, und wieder blitzt und funkelt es rot und blau und grün um die Erlenblätter und Grashalme, von neuem beginnt das Getändel und Gekose, fängt der feenhafte Hochzeitsreigen der märchenhaften Tierchen an, die jeder Mensch gesehen hat, die aber keiner kennt, mag er sie auch Tag für Tag vor Augen haben.

Es lohnt sich aber schon, sich auf den Grabenrand zu setzen und ihnen zuzuschauen für den, der Augen hat, sich an Schönem und Prächtigem zu freuen, auch wenn es fein und klein ist. Dieses Tierchen hier mit den silbernen Flügeln, jeder vor der Spitze zierlich gefleckt, und dem rubinroten, goldgrün endigenden Leibe, es hat soeben mit den rotfunkelnden Augen eine Blattlaus erspäht und sie mit Behagen verspeist. Jetzt putzt es sich die Kiefer und die Taster und flattert dahin, wo schon ein halbes Dutzend Männchen ein Weibchen umbalzen. Zierlich, wie die Tiere selbst, sind auch ihre Liebeskämpfe; ein bißchen zorniges Flügelgeruschel, ein klein wenig Anrempelei, dann ist das Duell zu Ende, der Besiegte flattert weiter, ein anderes Weibchen zu suchen, und der Sieger müht sich um seine Schöne, bis sie so will, wie er es meint.

Vielerlei Arten gibt es von diesen reizenden Wesen; hier am Graben flattern allein sieben bis acht durcheinander, und da die Weibchen anders gefärbt sind als die Männchen, so ist der Farbenreichtum groß. Da sind welche, deren Leiber fast ganz himmelblau mit schmalen schwarzen Binden sind, bei anderen sind die dunklen Bänder breiter, bei einer dritten Art haben sie sich so ausgedehnt, daß nur schmale blaue Ringe übrigbleiben. Ähnlich ist die grüne Farbe bei den Weibchen verteilt. Auch die Färbung der Augen ist verschieden; bei einigen sehen sie wie rote, bei anderen wie grüne, bei der dritten Art wie hellblaue und bei der vierten wie goldgelbe Glasperlen aus, oder sind gar zweifarbig, halb grün, halb rot.

Aber wer sieht das und wer sammelt Libellen? Man sammelt Käfer ohne Zweck, denn die deutschen Käfer sind gut erforscht, man sammelt Schmetterlinge, ohne daß es viel Sinn hat, denn wir kennen ihre Verbreitung gut. Die Verbreitung der deutschen Wasserjungfern ist aber noch wenig bekannt, und ein aufmerksamer Forscher könnte manche wichtige Tatsache feststellen. Es gibt Arten, die erst von wenigen, weit voneinander entfernten Gegenden bekannt sind, und manche Lücke unseres Wissens ist noch auszufüllen, ehe wir die Gründe erkennen, warum diese Art nur dort, und jene nur da vorkommt.

Auch die Lebensweise dieser Tiere ist zum Teil noch wenig genug erforscht, vor allem die Fortpflanzung und auch die Ernährung, und von vielen Arten kennt man die Larven noch nicht.

Dabei ist es so leicht, sie zu halten und zur Entwicklung zu bringen. Ein Standglas mit einigen hübschen Wasserpflanzen, eine Zierde für das Fenster oder den Blumentisch, ab und zu eine Fliege, einige Daphnien oder bei den Larven der großen Arten ein Regenwurm, das ist alles, was diese Tiere verlangen, um zu gedeihen und sich zu entwickeln.

Obgleich sie nicht sehr beweglich sind, uninteressant sind sie darum doch nicht. Es ist ganz lustig anzusehen, wie eine Libellenlarve geduldig wartet, bis ein kleines Tier ihr naht, oder wie sie, dauert es ihr damit zu lange, sich an die Beute heranpirscht und sie erfaßt. Wenn eine große Larve ein starkes Beutetier erwischt hat und dieses sich wehrt, dann krümmt sie den Hinterleib über den Rücken nach dem Kopfe zu und führt damit einen Stoß nach dem Opfer, es mit einem kräftigen Wasserstrahle aus den Darmkiemen betäubend.

Dann sitzt sie vielleicht einen Tag stumpfsinnig da, ohne sich zu rühren und ohne die Futtertiere, die ihr dicht vor dem Kopfe umherschwimmen, zu beachten. Am anderen Tage sieht sie nicht mehr so trübe gefärbt aus; ihr Rücken weist ein scharfes Muster auf, und ihre Beine sind hell und dunkel geringelt. Sie hat sich gehäutet; über ihr in den Ranken des Hornkrautes hängt die leere, durchsichtige Hülle. Ein tüchtiges Stück gewachsen ist die Larve und heißhungrig und raubgierig. Die Wasserflöhe genügen ihr nicht mehr; sie dreht den Kopf hin und her, ob nicht wieder ein Regenwurm angeschwommen kommt. Sie merkt die leise Erschütterung, die der Ärmel des Menschen, der den Rand des Glases streifte, hervorbrachte, und sie weiß, was das bedeutet. Schnell dreht sie den Kopf nach der Seite und erblickt den Wurm, der sich zwischen den Ranken hin- und herwindet. Lange besinnt sie sich; endlich rückt sie vor, aber langsam, sehr langsam geht das, und nun ist sie doch zu spät gekommen, denn ehe sie dicht genug bei ihm ist, sank er auf den Sand. Wieder muß sie sich lange besinnen; dann klettert sie mit dem Kopfe nach unten dem Wurm nach, der auf dem Sande umherkriecht. Jetzt ist sie dicht bei ihm; die Fangmaske kommt unter dem Kopfe hervorgeschossen, und der Wurm hängt zwischen den Kiefern, die ihn langsam und sicher zerreißen.

Sie sind nicht so dumm und so langweilig, diese Tiere, wie es den Anschein hat. Setzt man Schmaljungferlarven in ein Glas, das ihren Todfeind, eine Larve der großen Art, beherbergt, so verstecken sie sich in den dichtesten Quirlen des Hornkrautes und betreiben nur die Anstandsjagd auf Daphnien, Cyklopse, Mückenlarven und junge Flohkrebse. Sind aber nur ihresgleichen in dem Gefäße, so haben sie es bald heraus, daß sie keinen Feind zu fürchten haben, und sind die Futtertiere spärlich, so gehen sie auf die Pirsche, kriechen auf dem Sande am Boden und an den Glaswänden umher, daß man mit dem Vergrößerungsglase alle Gefäße in ihren durchsichtigen Leibern deutlich sehen und genau beobachten kann, wie sie die Mückenlarve zerreißen und verschlingen.

Nicht nur das, was groß und auffallend ist in der Natur, ist der Beachtung wert, auch das Kleine und Feine und das, was in der Verborgenheit lebt, und reizt es nicht zum sinnlosen Sammeln und Töten, so lockt es zur liebevollen Beobachtung und lohnt die Zeit, die man damit zubrachte, durch manchen unbeobachteten Vorgang, der mehr wert ist als ein Kasten voll dürrer Falter oder trockener Käfer.

Alles Gute direkt vor der Haustür

Heidschnucken und Honig liefert die Heide, Forellen, Pilze und Wildbret der nahe Harz, in den feuchten Niederungen findet man den Fasan, auf schweren Böden vielerlei Gemüse und auf den weit sich hinziehenden Wiesengründen das zarteste Filet, die saftigste Keule. Zählt man noch das Schnattervolk der Gänse und Enten, die würzigen Schinken aus Bauernkaten, die pikanten Würste aus Braunschweig dazu, so scheint es fast untertreibende Bescheidenheit, wenn die Hannoveraner auf so simplen Gerichten wie Dick-Musik, Buntem Huhn oder Braunem Kohl als ihren Leib- und Magenspeisen beharren.

Aus grünen und weißen Bohnen, aus Wurzelwerk und Kartoffeln, mit Rindfleisch zusammengekocht, ist das *Bunte Huhn* komponiert und auch *Dick-Musik* ist ein Eintopf aus jungen Erbsen, Puffbohnen und Möhren, die in wenig Salzwasser mit etwas körniger Würze gegart werden. Die Kartoffeln kocht man gesondert; schichtet dann Kartoffeln und Gemüse abwechselnd in eine Schüssel, würzt vorsichtig und übergießt das Ganze mit gewürfeltem, ausgelassenem Speck, in dem man eine gehackte Zwiebel gebräunt hat.

Der *Braunkohl* sollte den ersten Frost hinter sich haben; nur so verliert er die Strenge, wird milde und delikat. Man entfernt die dicken Rippen, putzt und wäscht die Blätter, gibt sie in sprudelnd kochendes Salzwasser, gießt dieses nach etwa 15 Minuten ab und wiegt den Kohl. In einer Kasserolle zerläßt man Speck, Schweineschmalz oder Gänsefett (mindestens 100 g auf

1 kg rohen Kohl), gibt eine gehackte Zwiebel und den Kohl dazu, füllt mit ein paar Löffeln Brühe auf, würzt mit Piment und Muskat und läßt den Kohl eine Stunde bei sanftem Feuer schmoren. – In Hannover gehört die *Brägenwurst* zu diesem deftigen Gemüse. 500 g Schweine- und Nierenfett, ein gewässertes und enthäutetes Schweinehirn, 2 bis 3 Zwiebeln (oft in ausgelassenem Speck gedünstet) werden durch den Fleischwolf getrieben, mit 350 g Roggenschrot und 150 g Hafergrütze vermischt, mit Salz, Pfeffer, Muskat und Nelkenpulver gewürzt, locker in dünne Därme gefüllt, in den kochenden Kohl gelegt, bis die Wurst «streuchelt», das heißt zischelt und spritzt, wenn sie angeschnitten wird. Dazu serviert man kleine, runde Pellkartoffeln, die in leicht gesüßtem Fett herausgebraten werden.

Karl Krolow erzählt in seinem Niedersachsen-Buch, daß seine Großmutter Steinhuder Meeraale liebte. Sie besorgte in der hannoverschen Markthalle für vier Personen je nach Größe ein bis zwei frische Aale. «Man benötigt Salz, einige Pfefferkörner, Dill, 2–3 Zwiebeln und etwas Essig. Und zur Soße nimmt man etwa 50 g Butter, einen Löffel Mehl, einen halben bis dreiviertel Liter Kochbrühe, Sahne und einen Eßlöffel frisch gehackten Dill. Die Aale werden gesäubert, abgezogen und in fingerlange Stücke geschnitten, dann in Salzwasser mit den Pfefferkörnern, dem Dill, den gehackten Zwiebeln und etwas Essig halbgar gekocht. Die Brühe wird dann durch ein Sieb gegossen. Für die Soße erhitzt man die Butter. Das Mehl schüttet man auf einmal hinzu und verrührt es. Unter weiterem Rühren fügt man die Brühe hinzu und läßt das Ganze einmal aufkochen. Die Soße wird mit der Sahne verfeinert. Schließlich werden die Aalstücke hineingegeben, und bei milder Hitze läßt man sie gar ziehen. Man bestreut kurz vor dem Servieren mit Dill. Salzkartoffeln, auch Gurkensalat gehören dazu. Es ist ein Gericht, das es verdient hat, bekannt gemacht zu werden.»

Neben vielerlei Kleingebäck, neben Kuchen und Torten, neben dem einfachen *Zuckerplatz* (einem ausgewellten Hefeteig, dick mit Zucker bestreut und mit möglichst vielen «Butterlöchern» versehen) backen die Hannoveranerinnen kleine *Apfelkuchen*, die Originalität besitzen. Die Zutaten: 500 g Mehl, 125 g Zucker, 250 g Butter, 2 Eier und 6 Eidotter, 50 g Hefe, 1/2 l Milch, 125 g Korinthen, 1 kg Äpfel, die abgeriebene Schale einer Zitrone. Butter und Zukker schaumig rühren, die 8 Eidotter dazugeben (nachdem man das Eiweiß getrennt hat), ebenso die in der Milch aufgelöste Hefe, die Korinthen und das Mehl. Alles gut durcharbeiten. Die geschälten und vom Kernhaus befreiten Äpfel würfeln, das Eiweiß schlagen, Äpfel und Schnee unter den Teig mischen, die Zitronenschale (unter Umständen auch eine Prise Zimt) dazugeben. Den Teig zugedeckt warm stellen und gehen lassen. – In die Vertiefungen einer Spiegeleierpfanne etwas Fett geben, dazu einen Löffel Teig, die Küchlein auf beiden Seiten herausbakken, mit Zucker bestreuen, auf ein Backblech setzen und in den vorgewärmten Ofen schieben. – Das Gebäck wird heiß serviert. Man reicht dazu des öftern eine Weinsoße.

GUSTAV SCHENK

Moordonner

Den Moordonner hörte ich in einer Zeit und im norddeutschen Landraum, darin kriegerische Neigungen noch nicht sehr verbreitet waren. Es lärmten also keine Geschütze, und die Truppenübungsplätze waren nicht belebt. Da zerriß in sommerlicher Mittagszeit bei wolkenlosem Himmel und völliger Windstille die Luft über dem Altwarmbüchener Moor bei Hannover. Es war ein Schlag des Schalles unmittelbar über meinem Kopf. Die Ohren hörten ein hohles, tiefdonnerndes Zerreißen, und der ganze Körper empfand eine geheime Erschütterung, die ihm von der direkten Nachbarschaft der Erde und der Luft mitgeteilt wurde. Der donnernde Schall, die bewegte Luft waren in nichts mit dem zu vergleichen, was ich später im Kriege nur zu oft erfahren mußte. Sie gleichen nicht den Detonationen ferner oder naher Explosivgeschosse, auch nicht den Abschüssen leichter oder schwerer Artillerie. Dieser Donner über oder gar mitten im Moor hat seinen eigenen, natürlichen, ganz unmenschlichen Ton. Er drang unmittelbar aus dem Moor und zugleich aus der mich umgebenden Luftschicht. Die Farbe dieses Tones war eine Moorfarbe, nur dem Moore konnte diese Stimmfarbe, eine solche braune Dunkelheit des Donners zugesprochen werden. Es gab aber auch nichts, was das Geheimnis des Moores stärker zur Geltung bringen konnte, als das außermenschliche, gewaltige Stöhnen des Ur-Schlammwesens; träumend grollte es so, das noch im ersten Bette der Erde schlief. Ich war nicht der einzige, der das zusammenhängende Lebewesen Moor brüllen gehört hatte. Die Holländer kennen die Urstimme des Moores sehr gut, und sie geben ihr den Namen *mistpoeffer*.

Bis zu der ersten Wahrnehmung des Moordonners glaubte ich, die Natur des Moores erkannt zu haben. Es war eine törichte, überhebliche Einbildung. Mein Erkennen war nur ein leichtfertiges Verkennen gewesen. Der ungeheuren Stimme an diesem Sommermittag war eine Lautlosigkeit gefolgt, die dem Donner noch angehörte, die aber noch schrecklicher und erhabener war als der Laut selber. Das plötzliche Ende des Donners geschah nicht als Nachhallen, Verklingen des Tones, die Stimme erlosch nicht, wie ein Donnergrollen des Gewitters bebend und dumpf in der Ferne zu sterben scheint. Der Moorlaut riß unmittelbar ab. Es gibt kaum etwas Vergleichbares dafür. Das Verstummen erfolgte sofort und die Stille darauf war von vollkommener Atemlosigkeit. In dieser Stille wurden meine armseligen Moorerkenntnisse begraben. Die Zeitlosigkeit des Schweigens verurteilte und verwarf das klägliche Wissen, das ich gesammelt hatte. Obwohl Moore meine eigentliche Heimat waren, ich in Mooren meine Spiele gespielt hatte, Moore mich aufwachsen sahen, begann ich nun erst das Moor als ein lebendiges Geschöpf zu betrachten.

Trotz der ersten Erfahrung traf mich der zweite Donner des Moores im Bourtanger Moor ganz unvorbereitet. Die Redensart, daß etwas über uns hereinbricht, bezeichnet im genauen Wortsinne das Erlebnis, denn es erhebt sich des

Moores brüllender Laut nicht oft. Die Moorbauern der Hammeniederung, die ich befragte, und von denen die älteren den größten Teil ihres Lebens auf der Ebene des Teufelsmoores zugebracht hatten, erinnerten sich lebhaft an den einmaligen, unverwechselbaren Ton des Moores, aber sie hatten ihn nicht oft vernommen.

Als ich zum dritten Male im Wilden Moor nördlich der Stadt Hannover den donnernden Laut des Moorgiganten erlebte und dazu abermals die beklemmende, völlige Stille, die so schlagartig dem zerreißenden Schall nachfolgte, da wußte ich in einem Augenblick mehr vom Leben des Moores als das methodische Wissen. Zwischen meinem Ohre und dem Donner wurde ein Bund geschlossen. Diese Bindung kann das Wort Sympathie noch am besten ausdrücken. In diesem geheimen Mitgefühl erlebte ich das Moor als ein kräftig lebendiges und geeinigtes Wesen, ich schien es hörend in seiner tiefsten Unergründlichkeit zu verstehen. Mit seinem Ton hatte es sich mir offenbart.

Ich habe das Moor gehört, könnte ich in einem Satz dicht und fest sagen, um auszusprechen, daß ich das Dasein eines unbekannten Lebewesens in seinem ganzen riesigen Umfange erlebte. Die plötzliche Lautlosigkeit, die jedesmal dem Donner des Moores folgte, und in der alles Leben mit einem Schlage zu ersticken schien, belehrte mich durch seine lähmende Wucht darüber, daß die Welt so selten schweigt, und daß die Schweigsamkeit der Natur nicht oft verwirklicht wird. In seinem Schweigen, so könnte ich weiter sagen, habe ich das Moor wachsen gehört. Ich kann mich nur schwer verständlich machen, denn das Gehör der Menschen ist durch den Lärm der Zivilisation zugrunde gerichtet. Schon im Kindesalter erliegt das Gehörsempfinden dem sinnlosen Ansturm mechanischen Lärms. Später kann es Lautlosigkeit nicht mehr aufnehmen, weil selbst die Stille noch vom Nachhall und von Erinnerungen an den Lärm erfüllt ist, die im Innern des so Verstümmelten ohne seine Absicht immer wieder auftauchen. Aber wahre Stille ist sehr selten; tritt aber Lautlosigkeit ein, dann ist kein Ohr da, sie zu empfinden.

Allerlei alter Glaube

Wenn einer bestohlen ist, so muß er des Nachts zwischen zwölf und eins im bloßen Hemde vor die Kirchtüre gehen und es durch das Schlüsselloch dem Totenreiche klagen, dann wird ihm der Dieb genannt.

Gegen blaue Milch hilft es, wenn man eine Mistgabel glühend macht und sie in die frischgemolkene Milch hineinsteckt.

Wenn man einen Schatz graben will, muß man Pflöcke in die Erde stecken und sie mit Fäden von ungekochtem und ungebleichtem Garn umziehen.

Wenn man viel Butter haben will, so muß man einen Stiel von Kreuzdornholz in das Butterfaß nehmen. – Auch ist Kreuzdornholz gegen Hexen gut.

Wenn ein Mädchen ihren künftigen Geliebten sehen will, so muß sie in der Christnacht einen Eimer mit Wasser in die Stube stellen, einen Stuhl dabei und darüber ein Handtuch hängen. Sie selbst muß sich nackend unter den Tisch setzen. Dann kommt der Geliebte, wäscht sich aus dem Eimer und trocknet sich an dem Handtuch. – Eine Magd tut das; da kommt der Hausherr, dessen Frau noch lebt. Das Mädchen schämt sich sehr, aber es vergeht kein Jahr, so stirbt die Frau und der Mann heiratet die Magd.

Am Matthiasabend (24. Februar) werden zwei Walnußschalen mit Öl gefüllt, Dochte hineingelegt und diese angezündet. Dann setzt man die Schalen auf ein Becken mit Wasser, so daß sie darauf schwimmen und denkt sich ein Mädchen und einen jungen Burschen. Stoßen die Schalen mit der vorderen Seite zusammen, so heiraten sich die zwei; berühren sie sich mit den Rückseiten, so wird nichts aus der Heirat. – An demselben Abend gießen die Knaben Blei, um zu sehen, welches Handwerk sie lernen sollen.

Wenn man die erste Schwalbe sieht, muß man unter dem linken Fuß in die Erde graben, so findet man eine Kohle, die gegen das Fieber gut ist.

In manchen Gegenden wird dem Toten ein Pfennig mitgegeben. Der Tischler, welcher den Toten in den Sarg legt, erinnert die Verwandten daran.

Wenn das Herdfeuer sprüht und eine Kohle herabspringt, so gibt es Streit im Hause, wenn man nicht schnell ruft: «In't nâwerhûs! In't nâwerhûs!»

Ein heller Schein über einem Haus bei Nacht zeigt an, daß es dort nächstens brennen wird. Von solchem Feuervorspuk sagt man: et wâbert.

Im Wirbelwind, Küselwind, der wârwind genannt wurde, der auf dürren Wegen mit Staub dahinzieht, soll eine Hexe drin sitzen.

FRITZ VON DER LEINE

Schützenfest

Der Weg zum Schützenfest ist mit einer Unmenge von guten Vorsätzen gepflastert. Und diese heißen: Erstens gehe ich zu so was überhaupt nicht. Und zweitens nicht zum Freischießen. Und drittens: wenn ich überhaupt hingehe, so bloß der Wissenschaft wegen. Und viertens will ich bloß einmal über den Platz gehen. Und fünftens: wozu soll ich mein Geld verplempern? Und sechstens: eine Schützenbraut lege ich mir nicht zu. Und siebentens: wenn mich meine Bekannten sehen . . . usw. usw. usw.

Aber gute Vorsätze ist kein haltbares Pflaster, und die guten Erinnerungen bleiben immer fester in der Seele backen wie die schlechten. Und man vergißt das enorm negative Finanzresultat des vorigen Jahres, man vergißt die unangenehme Geschichte vom Promenadenkonzert, als man in voller Couleur soeben zwei Damen grüßte, von einer äußerst gesund aussehenden Donna mit strahlenden Augen und einem Klaps auf die Schulter begrüßt wurde unter folgenden Worten: «O Gott, Minsche, wo büste denn gewesen? Seit'n groten Scheiten hebb eck deck nich mehr esehn!» Man vergißt die unangenehmen Briefe des alten Herrn, die er wegen der erbetenen Extra-Umlage schrieb, man vergißt die durch gewisse Umstände erzwungene vereinfachte Lebensführung und die damit verbundene stramme Haltung und denkt nur: Na, du wirst dieses Mal vorsichtiger sein. Ach ja, so denkt man. Aber, das Leben auf dem großen Schießen ist schön, aber teuer; manchmal ist es auch nicht so teuer, dann ist es aber auch nicht so schön. Wer auf den Schützenhof geht mit dem Vorsatz, solide zu sein, der soll da nur wegbleiben. Er amüsiert sich nicht und ärgert andere bloß durch sein hochwohlweises Gesicht. Ent- oder -weder, ist hier die Losung. Entweder man macht es mit, oder man macht es nicht mit. Ein Mittelding gibt es nicht. Das hab' ich durch langjährige Erfahrung herausbekommen.

Und damit junge, unbedarfte Leute, die den Betrieb dort noch nicht genau kennen, wissen, was sie tun müssen, um sich gut zu amüsieren, so will ich ihnen zur Beherzigung empfehlen, folgende erprobte

Lebensregeln für das Freischießen.
(Ohne Garantie für die Befolger.)

§ 1. Tue Geld in deinen Beutel.
§ 2. Und abermals.
§ 3. Und noch einmal.

§ 4. Und so du eine Tante hast oder einen Onkel, die anpumpfähig sind, erschlage sie vor dem Fest, damit sie nicht durch das Fest in Zahlungsschwierigkeiten kommen und dich nicht etwa um deine gerechten Ansprüche betrügen.

§ 5. Versetze deine Uhr, damit sie dir nicht gestohlen wird.

§ 6. Lasse aus demselben Grunde deine Kleinodien im Versatzamte. Die Pfandscheine übergib einer Bank, du könntest sie verlieren.

§ 7. Lasse dir von einem geschickten Schlosser eine trichterähnliche Sache um das Schlüsselloch deiner Haustür machen.

§ 8. Desgleichen um das der Korridortür.

§ 9. Und der Stubentür.

§ 10. Sei vorsichtig in der Wahl deiner Schützenbraut. Laß dir Schillers Glocke in den Ohren klingen: «Drum prüfe, wer sich usw ...» und «Der Wahn ist kurz, das Schießen lang ...»

§ 11. Nimm dir am Morgen nie vor, abends nicht wieder hinzugehen. Zweck hat's doch keinen.

§ 12. Spiele nicht in der Lotterie. Bist du ein Junggeselle, so gewinnst du doch bloß eine Wringmaschine oder einen Kinderwagen oder eine Lutschpulle.

§ 13. Kannst du nicht reiten, so gehe zu Haberjahn ins Hippodrom; du glaubst gar nicht, wieviel Menschen du eine Freude damit machst.

§ 14. Wird dir schlecht, so fahre Karussell oder gehe in die russische Schaukel. Dann wird dir noch schlechter.

§ 15. Beklage dich nie, wenn du ein halbvolles Glas Bier kriegst. Es geschieht zu deinem Besten.

§ 16. Hast du ein Glas Bier mit einer Mark bezahlt und kriegst nichts heraus, so sei dem Zufall dankbar, daß es kein Taler war.

§ 17. Trinke schon am ersten Tage Sekt; am zweiten geht es nicht mehr.

§ 18. Kaufe jeden Blödsinn, den die Hausierer dir anbieten. Was Vernünftiges gibt es ja doch nicht.

§ 19. Küsse keine von den bayrischen Biermamsellen; es macht wirklich keinen Spaß.

§ 20. Nenne einer dieser Damen nie deinen Namen: sie haben ein fabelhaftes Gedächtnis und halten sich vielleicht an dich, weil dein Urgroßvater ihnen die Ehe versprochen haben soll.

§ 21. Begegnest du einem Gläubiger, so rücke nicht aus; er hat kein Recht, dich hier zu mahnen.

§ 22. Ziehe keine Lackstiefel an, wenn du im Rundteil tanzen willst.

§ 23. Und keinen Frack.

§ 24. Und den *Claqeau chape* hast du auch nicht nötig.

§ 25. Bestelle dir um zwölf Uhr keine Droschke zur Heimfahrt, denn du bleibst doch länger.

§ 26. Sage zu deiner Schützenbraut, du seist kurzsichtig. Es ist nach dem Fest oft ganz angenehm.

§ 27. Sieh dir in den Häusern, wo du verkehrst, sehr genau die Gesichter der Stubenmädchen und Köchinnen an und fliehe sie auf dem Fest. Nachher übermannt sie die Erinnerung, und sie schüttet dich voll Bratensoße.

§ 28. Schreibe deine Festausgaben nicht an. Wozu willst du dich ärgern!

§ 29. Hast du einen Onkel, so nimm ihn mit. Hast du eine Tante, so laß sie da.

§ 30. Vermeide es, deinen Vorgesetzten zu begegnen: sie wollen nicht bemerkt werden.

§ 31. Bezahle nie sofort, sonst mußt du beim Fortgehen noch mal bezahlen.

§ 32. Werde nicht rot, wenn dich eine bayrische Kellnerin duzt; die Umsitzenden denken, sie sei deine Großtante.

§ 33. Dein Papiergeld wechsle nicht vorher, es wird schon so klein werden.

§ 34. Trage dein Geld lose in der Tasche; das ewige Portemonnaieaufmachen macht müde.

§ 35. Tanze nicht mehr, wie du kannst.

§ 36. Laß dir Straße und Hausnummer in das Jackettfutter nähen, du könntest beide vergessen. Aber nicht in den Hut.

§ 37. Ziehe Zugstiefel an; Knöpf- und Schnürstiefel sind am andern Morgen schlecht aufzukriegen.

§ 38. Bezahle deinen Mittagstisch für den Juli im voraus; essen muß der Mensch.

§ 39. Nimm keinen Regenschirm mit; du verhagelst doch.

§ 40. Wundere dich nicht zu sehr, wenn du auf einer Pritsche aufwachst; du bist dann auf dem Brande.

§ 41. Hast du am Morgen nach dem Ballsonntag furchtbares Kopfweh, Schwindel, kein Geld, Mattigkeit und Übelkeit, so glaube nicht, daß du die Influenza hast.

§ 42. Vermeide es an diesem Tag, in dein Portemonnaie zu sehen; dir könnte noch schlimmer werden.

§ 43. Lasse dich auch nicht photographieren.

§ 44. Daß du dich nicht mit deiner Schützenbraut photographieren läßt, ist selbstverständlich.

§ 45. Trage die nächsten Tage nicht denselben Anzug, den du auf dem Schützenhof anhattest, dagegen eine blaue Brille.

§ 46. Beherzige meine Worte und schimpfe nicht, wenn es dir infolgederen schlecht geht.

ARNO SCHMIDT

Kleiner Krieg

Wir waren nicht wenig erstaunt, als das Faktotum Hagemann mit allen Anzeichen der Verstörung hereintappte, die Tür verschloß, auf Vermessungsrat a. D. Stürenburg zutrabte und sich über dessen Ohr neigte; zwar verstanden wir sein grobes Geflüster im Landesdialekt nicht, verzeichneten aber alle, wie auch dessen Gesicht erbleichte. «Na, laß ihn rein», entschied Stürenburg schließlich.

Gleich darauf erschien ein junger hochgewachsener Polizist in fescher Uniform, legte die Hand zackig vor den Tschako, ließ den Blick einmal in unserem Halbkreise umlaufen, wandte sich dann an Apotheker Dettmer: «Herr Vermessungsrat, ja?» «Nein – ähier bitte» sagte Stürenburg schwach; empfing das unangenehm amtlich-blaue Schreiben; und der Polizist, gefolgt von den wohlgefälligen Blicken Hauptmann von Dieskaus und Frau Dr. Warings, sowie dem bewundernden ihrer Nichte Emmeline, marschierte unbefangen wieder hinaus. Stürenburg schob den verdächtigen Umschlag bestürzt und angewidert weit von sich; auf eine Frage Hagemanns, der sich als alter Diener jede Freiheit nahm, ächzte er nur: «Jaja, von Polizeihauptmann Oberg.» «Schon wieder?» schrie Hagemann entgeistert: «Das nimmt diesen Monat ja wohl gar kein Ende, Herr Rat?! Na, da werden wir doch wohl wieder mal nach Hannover zu unseren Freunden fahren müssen.»; er schwang den Feuerhaken wie eine Waffe, und entfernte sich unter bösem Gemurmel.

Stille, nur von dem schweren Atmen Stürenburgs unterbrochen; endlich begann er:

«Damit Sie mich nicht etwa einer ungerechtfertigten Animosität für fähig halten, will ich Ihnen den Fall ganz unparteiisch schildern. Dieser ehemalige Polizeihauptmann Oberg – jetzt ist er, wie ich, auch schon 75 durch, und längst pensioniert – hat mir in meinem Leben wohl die meisten Unannehmlichkeiten gemacht. Wir haben zusammen das Gymnasium besucht; in Göttingen studiert – was heißt bei ihm schon studiert: in Jura und Volkswirtschaft hat er'n bißchen rumgepfuscht! –; und ein paar Jahre danach trafen wir uns in Rotenburg wieder, ich als Landmesser, er bei der Polizei. Wir waren uns stets widerlich gewesen: der Lehrer der ihn mochte, drosch unweigerlich auf mich ein – nun, unser Mathematikprofessor war 2 Meter groß, und hat mich oft gerächt. Unsere Post wurde vom Briefträger leidenschaftlich gern verwechselt. Nur in einem waren wir einig: wir fanden grundsätzlich dasselbe Mädchen hübsch.» Er meckerte so diabolisch, daß die Witwe indigniert hochsah; Stürenburg entschuldigte sich, und erklärte: «Damit habe ich ihm auch einen Streich gespielt: wir bewarben uns um dieselbe Schöne, brachten Geschenke im gleichen Tempo; und eines Tages ließ ich ihm durch meinen besten Freund im Vertrauen beibringen, ich hätte mich mit ihr verlobt. Spornstreichs rannte er, mich zu ärgern, hin, und brachte auch seinen Antrag an: der zu seiner unendlichen Verwirrung sogleich holdselig lächelnd angenommen wurde! Er hat sie dann heiraten müssen; denn der Vater war Regierungsrat, und hätte ihm, gerade zu Beginn seiner Laufbahn, nicht unerhebliche Schwierigkeiten machen können: hähähä!»

Der Hauptmann feixte zufrieden ob solcher strategischen Feinheiten; der Apotheker erklärte feierlich, keinen Anteil an solch frevlem Spiel mit zarter weiblicher Neigung haben zu wollen; wofür er von Frau Dr. Waring ein huldvolles Nicken erhielt, sowie Nichte Emmeline die süßsäuerliche Warnung: «Hüte Dich, mein Kind, vor diesen Ungetümen. Du siehst ja . . .» Stürenburg verbeugte sich verbindlich, und fuhr fort:

«Wie gesagt waren wir fast immer in derselben Gegend tätig; es gibt solche Fälle, wo das Schicksal förmlich Spaß daran zu haben scheint, divergente Naturen zu paaren. Als wir dann, jeder in unserer Sphäre, zu einiger ‹Macht› kamen, trieb der Zwist die wunderlichsten Blüten. Ließ ich Feinmessungen irgendwo in Straßennähe vornehmen, konnte ich sicher sein, daß schon wenige Viertelstunden später pausenlos schwerste LKWs vorüberrollten, so daß wir unsere empfindlichen Instrumente getrost wieder einpacken konnten: er hatte den ganzen Verkehr der Gegend über diese eine Chaussee umleiten lassen!»

«Keiner meiner Vermesser konnte sich ohne ein ganzes Arsenal von Ausweisen mehr ins Freie wagen. Er ließ jeden an seinen Wagen heranrufen, und hielt ihn mit schikanösen Kontrollen von der Arbeit ab; wenn er gar keinen Fehler in den Papieren finden konnte, sagte er am Schluß wenigstens: ‹S läuft halt zu viel Gesindel im Lande herum!› Einmal hat er mir einen Mann, der auf mein Geheiß Pendelbeobachtungen zum Nachweis eines äußerst interessanten Gravitationsdefektes durchführte, als betrügerischen Rutengänger vom Felde weg verhaften lassen! Eingaben machte er, daß wir, wie alle ‹redlichen Beamten›, Uniform tragen sollten; daß wir mit unseren ‹ewigen herausfordernden Messungen› die Landbevölkerung beunruhigten, das Vieh verstörten, usw. usw. Unsere beiderseitigen Untergebenen nahmen natürlich leidenschaftlich an der Auseinandersetzung teil; und wir wußten uns zu revanchieren! Als der Kreis die neue Straße baute, wiesen wir in unserem Gutachten nach, daß sie durch seinen geliebten Garten gelegt werden müsse. In einer Fachzeitschrift für Montanwesen deuteten wir an, daß sich unter seiner Villa vermutlich ein ausgedehntes Salzlager befinde; er wurde ein volles halbes Jahr lang täglich von Grundstücksmaklern, ernsthaften Interessenten, Schwindlern aller Art, überlaufen, und fast zum Wahnsinn getrieben.»

Er atmete zufrieden. «Eine Tochter hatte er; sein Liebling; und wirklich für einen Gendarmenhäuptling hübsch genug. Eines Tages erschien programmgemäß der übliche junge Mann, ein Dr. ing.; warb um sie; erhielt ihre Hand: wie schäumte der Herr Papa nach der Hochzeit auf, als er erfuhr, daß sein Schwiegersohn Vermessungsingenieur war. Und der Neffe vom alten Stürenburg dazu!» Er rieb sich intensiv die breiten weichen Hände: «Ich hatte dem Jungen eine nicht unerhebliche Bargeldsumme versprochen, wenn er das Ding drehen könnte – obwohl er, wie ich fürchte, schwach genug war, auch wirkliche Zuneigung für das bedauernswerte Geschöpf zu empfinden.»

Wir hatten amüsiert zugehört, und unsere Blicke richteten sich unwillkürlich auf das wasserblaue Kuvert inmitten des runden Tischchens.

Sein großes Gesicht verdüsterte sich, und er griff unwirsch danach; aber schon während des Lesens verklärten sich seine Züge: «Die Einladung zur Taufe» verkündete er; und triumphierender: «Ein Junge. Er heißt Friedrich: nach mir! – Noch heute lasse ich ein Sparkassenbuch für ihn ausschreiben. – Und sowas läßt mir der Alte durch einen Polizisten zustellen; nur um mich zu erschrecken!»

Wir teilten gefällig seine Entrüstung; umsomehr als er uns später angegriffen mitteilte, der andere Vorname des neuen Kleinen sei, nach dem zweiten Großvater, Karl gewesen: er habe seinen Trinkspruch auf Friedrich ausgebracht; Oberg auf Karls Gesundheit; die Eltern hätten vermittelnd von Friedrichkarl gesprochen: «Ganz zwiespältig sah das arme Wurm jetzt schon aus den Steckkissen» behauptete er.

JOHANN FRERKING

Hoffmann von Fallersleben singt aus dem Hannoverschen Adreßbuch

Die Beziehungen zwischen Forschung und Lehre auf der einen, fröhlichem Umtrunk und Rundgesang auf der anderen Seite sind alt und herzlich. Insbesondere der Philologus hat zu allen Zeiten sich abends gern eins gesungen, wenn er den Tag über dem traurigen Schicksal der harten Verschlußlaute während der ostfränkischen, rheinfränkischen, mittelfränkischen Lautverschiebung oder den Wandlungen der Interpunktion in Goethes Werken nachgesonnen hatte. Der Heidelberger «Engere», Erich Schmidts feuchtfröhliche Berliner Germanistenkneipe, die Kutscherkneipe in München sind nur ein paar der berühmten Beispiele solcher Verknüpfungen des Nützlichen mit dem Angenehmen.

Der gewaltigste Sänger aber unter den Vätern der deutschen Philologie ist August Heinrich Hoffmann von Fallersleben gewesen, weiland Professor zu Breslau; zwischen den strengen Studien, Glossarien und Editionen hat er immer wieder neue Lieder angestimmt, bald leise vor sich hin, bald laut durch ganz Deutschland, und er ist denn auch wegen allzu lauten und heftigen Singens unbequemer Lieder im Januar 1843 seines Lehrstuhls entsetzt worden.

Aber geholfen hat's nichts. Er hat weitergeforscht und weitergesungen, bald hier, bald da, wie sich's traf und gab, in Bibliotheken und auf Kommersen, in alten Handschriften und aus neuen Adreßbüchern. Jawohl, aus den hannoverschen Adreßbüchern von 1849, 1850 und 1851 zum Exempel.

Im Jahre 1852 ist bei Karl Rümpler in Hannover ein *Hannoversches Namenbüchlein* erschienen: *Einwohnernamen der Königlichen Haupt- und Residenzstadt Hannover, nach ihrer Bedeutung geordnet und erläutert von Hoffmann von Fallersleben*, mit einer Widmung an den hannoverschen Kollegen Karl Gödeke: «Zur Erinnerung an die Märztage 1852 in Hannover.»

In jenen Märztagen hatte der lange Breslauer Exprofessor Hoffmann aus Fallersleben in Niedersachsen bei seinem Schwager und Schwiegervater, dem Pastor zum Berge in Bothfeld bei Hannover gesessen und war über den neuesten Adreßbüchern der Haupt- und Residenzstadt mit gewohnter Inbrunst ins Forschen geraten, hatte die Namen der ehrsamen Bürger der Stadt nach ihrem Herkommen und ihren landschaftlichen, beruflichen und sprachlichen Beziehungen und Verwandtschaften hin und her betrachtet, sortiert, gruppiert, erläutert und more philologico säuberlich aufgezeichnet.

Aber auch während dieser Beschäftigung hat sich der Sänger in ihm nicht auf die Dauer unterdrücken lassen. Zuerst hat der Professor noch versucht, jenen zu beschwichtigen, indem er zur Erholung je eine Handvoll Namen zu klingenden Hexametern aneinanderband:

«Fellerke, Fittje, Feyh, Flatz, Frerking, Fingerling, Fahlbusch.
Schiweley, Brumm, Kuckuck, Laux, Hummel, Rummel, Sanitzka.
Schalk, Ropeter, Rosin, Voß, Sabiel, Röbbelen, Nieschlag.
Stahts, Stach, Tramm, Troll, Trull, Traphagen, Tatter, Taborsky.
Jerasch, Benjamin, Kieck, Schnuphase, Spanier, Hurkuck.
Boedeker, Blievernicht, Schlu, Stock, Stille, Wanke, Tovote.
Klinck, Klapp, Klopp, Prahsum, Pretzsch, Pampel, Nottes, Malortie.»

Auch eine Art von Abzählversen ist ihm dann als fructus inter folia zugefallen:

«Büddecke, Widdecke, Bach.
Benecke, Denecke, Stach.

Bott, Pott, Prott, Claus.
Rott, Tott, Trott, Gauß.
Bock, Block, Fritz.
Dürr, Gürr, Glitz.
Dux, Lex, Jucks, Ecks.»

Aber endlich hat sich der Sänger nicht länger den Mund verhalten lassen und lustig zur Melodie *Freut euch des Lebens* angestimmt:

«Meyrose, Kümmel,
Finck, Geier, Stieglitz, Strauß,
Pfannkuche, Rindfleisch,
Specht, Elster, Gauß.

Kohl, Stümpel, Wurst, Pabst, Vette, Fraß,
Bierschwale, Gläser, Kanne, Maaß,
Hengst, Wallach, Kracke, Bock, Schaaf, Wolf,
Hundt, Hase, Jäger, Wehmuth.»

Ein anderes neues, schönes Lied geht nach der Melodie *Schier dreißig Jahre bist du alt:*

«Pott, Pieper, Wittrock, Timmermann,
Pahl, Jünke, Oldekop,
Mauß, Uhleke, Pepper, Ripe,
Gauß, Nickel, Grotefend, Kiepe,
Hopp, Lüttge, Naber, Kropp.»

Auch die damals sehr beliebten Weisen von *Ich schnitt es gern in alle Rinden ein, Von der*

Alpe tönt das Horn, Willkommen, seliger Abend und *Wenn die Schwalben heimwärts ziehen* sind auf die gleiche Manier zu schönen, neuen stadthannoverschen Texten gekommen, weil der Professor das Singen nicht lassen konnte und Eichendorffs *Schläft ein Lied in allen Dingen* durchaus einmal am hannoverschen Adreßbuch erproben und bewähren wollte.

RUDOLF LANGE

Die Gärten von Herrenhausen

«Jedermann ist erlaubt, sich im königl. garten eine veränderung zu machen.» Von dieser Erlaubnis, die auf einer alten Steintafel am Eingang zum Großen Garten Hannover-Herrenhausen zu lesen ist, machen die Einwohner der einstigen Welfenresidenz und mit ihnen zahlreiche Gäste aus dem In- und Ausland ausgiebig Gebrauch. Daß sie, wie es die Vorschrift von anno dazumal verlangt, keine Statuen beschädigen, nicht nach den Schwänen werfen und auch die Nachtigallen nicht stören – das besorgt heute die Lautsprecheranlage viel gründlicher –, ist ihnen dabei eine Selbstverständlichkeit. «Herrenhausen ist das einzige, womit wir prunken können», sagte Kurfürstin Sophie, die Gesprächspartnerin des Philosophen Leibniz, die vor 300 Jahren hier einen weithin ausstrahlenden Musenhof gründete. Sie hat, das ist die Überzeugung der Hannoveraner, bis auf den heutigen Tag recht behalten.

1666, dreißig Jahre, nachdem Hannover Residenz geworden war, ließ Herzog Johann Friedrich ein schon früher im Dorf Höringhausen errichtetes Vorwerk zu einem bescheidenen Gartenschloß ausbauen und dafür ein bei Koldingen gelegenes Schloß abreißen, um die Fachwerkkonstruktion neu verwenden zu können.

Ein Jahr darauf gab der Fürst dem Ort seiner künftigen Sommeraufenthalte den Namen Herrenhausen. Das Gebäude, von einem Venezianer begonnen, später von Venezianern erweitert und umgebaut, erhielt seine endgültige Form durch Hannovers großen Baumeister Laves. Im Zweiten Weltkrieg wurde das Schloß durch einen Luftangriff vernichtet.

Etwa dreißig Jahre nach dem Bau des ersten Schlosses wird durch Brand Westermann das Galeriegebäude errichtet, das zunächst als Orangerie geplant war. Auf Wunsch der Kurfürstin Sophie wird der Rohbau in Abänderung des ursprünglichen Konzepts als prächtiger Saal, als

Galerie, ausgestaltet und dient fortan den Festlichkeiten des Hofes. Den Freskenzyklus, den größten Norddeutschlands, malt der Venezianer Tommaso Giusti, auch das Bandornament der Decke stammt von einem italienischen Stukkateur, und die Büsten der an den Längsseiten aufgestellten römischen Kaiser haben vermutlich über Paris den Weg aus dem Süden nach Norddeutschland gefunden.

Wenn im Herbst der Hof in die Stadt zurückkehrte, wurde die Galerie während des Winters zur Verwahrung der Orangenbäume benutzt, bis 1720, als die Zahl der Pflanzen zu groß geworden war, die «Neue Orangerie» parallel zum Galeriegebäude gebaut wurde. Der Große Garten erhielt seine heutige Gestalt zwar durch Martin Charbonnier, aber er ist dennoch ein Zeugnis internationaler geistiger Partnerschaft. Charbonnier kannte das Werk Lenôtres, des großen Gartenkünstlers im Frankreich Ludwigs XIV., und er war nicht weniger vertraut mit den gärtnerischen Leistungen der Niederländer. An der Ausschmückung des Gartens mit Wasserspielen und Skulpturen arbeiteten neben Deutschen auch Italiener, Franzosen und Holländer. Leibniz selbst entwarf Pläne für einen Kanal und ein Pumpwerk, um den notwendigen Wasserdruck für die Fontänen, Grotten und Kaskaden zu erhalten.

Daß Herrenhausen als barocke Schöpfung im wesentlichen bestehen blieb, liegt daran, daß es, als die hannoverschen Kurfürsten Könige von Großbritannien wurden, seine Bedeutung als Hof einbüßte. Nach Beendigung der Personalunion 1837 kehrte für wenige Jahrzehnte noch einmal höfisches Leben zurück, doch 1866, als das Königreich Hannover zu bestehen aufhörte und Preußen eingegliedert wurde, sank der Garten in einen Dornröschenschlaf, bis ihn 1936 die Stadt Hannover vom Welfenhaus erwarb und großzügig im alten Stil wiederherstellte. Die Schäden des Zweiten Weltkrieges wurden bis zur Dreihundertjahrfeier 1966 beseitigt, so daß der Garten wieder als Prunkstück präsentiert werden konnte.

Es war beinahe so wie zur Zeit, als Sophie und Leibniz, in Gespräche vertieft, dort spazierengingen. Ein Stück Natur, zur Kunst gesteigert: der Garten als grüne Architektur mit Wänden und Bögen aus geschnittenen Hainbuchenhecken. In der strengen Gliederung, in der geometrischen Anordnung der Rasen-, Wasserflächen und Springbrunnen, in der Ausrichtung der Achsen spiegelt sich nach der Auffassung des Barock das Ordnungsprinzip der Schöpfung, deren irdischer Statthalter der Fürst war. Die Harmonie des Gartens erscheint als Sinnbild jener prästabilierten Harmonie, die einen der tragenden Steine in Leibniz' Denkgebäude bildet. Auch der heutige Besucher des Großen Gartens spürt noch etwas von dieser optimistischen Philosophie ebenso wie von dem kraftvollen Lebensgefühl des Barockzeitalters, das wie kaum eine andere Epoche der Freude am Leben so lustvoll-üppigen Ausdruck verlieh und doch zugleich um die Vergänglichkeit des Daseins wußte.

Nachdem sich herausgestellt hatte, daß Galeriegebäude und Orangerie schwere Schäden aufwiesen – und das zu einer Zeit, als es die kritische Wirtschaftslage der Stadt unmöglich machte, zusätzliche Summen zur Verfügung zu stellen –, richtete die *Hannoversche Allgemeine Zeitung* an die Bürger den Appell: «Rettet Herrenhausen!» und löste damit eine einzigartige Spendenaktion aus. Für die Restaurierung der Bauten im Garten und der Gartenanlagen selbst trafen Gelder aus aller Welt ein. So konnte auch das mittlerweile zum Wahrzeichen Herrenhausens gewordene Goldene Tor wiederhergestellt werden. Frisch mit Blattgold überzogen leuchtet es an seinem alten Platz, lädt ein, vom Orangen-Parterre vor der Galerie hinauszutreten in die schattenspendenden Buschwerkwände und die Alleen, die sich rings um den künstlich angelegten, «Graft» genannten breiten Wassergraben entlangziehen.

In den Urkunden zur Geschichte Herrenhausens läßt sich feststellen, daß schon 1668, also wenige Jahre nach dem Bau des ersten Schlosses, eine französische Schauspielertruppe mit zwölf Mitgliedern engagiert wurde. Vier Jahre darauf holte Sophie ein Mitglied von Molières Truppe, Chateauneuf, nach Hannover. Noch vor dem Bau des Heckentheaters gehörten Theateraufführungen zu den Festen, mit denen sich der Hof während der Sommermonate ebenso vergnügte wir mit Ballettauftritten, Maskeraden, Gondelfahrten, Feuerwerk und Illuminationen, fröhlichen Gelagen, Gesellschaftsspielen, Tanz und Konzert. Mit der Reihe «Musik und Theater in Herrenhausen», die die Stadt Hannover nach dem Zweiten Weltkrieg begründete, mit den Lichterfesten und anderen Veranstaltungen wurde damit eine alte Tradition wieder aufgenommen.

1692 war das Heckentheater, das älteste in Deutschland, fertiggestellt. Anregungen mögen Herzog Ernst-August und Herzogin Sophie in Italien empfangen haben, doch läßt sich genau genommen kein unmittelbares Vorbild nachweisen. Auf der 50 Meter tiefen, von vergoldeten Figuren gesäumten Gartenbühne spielte die französische Truppe Komödien von Molière und Marivaux und Tragödien von Corneille und Racine. Schon damals bildeten Aufführungen von Molières *Der Bürger als Edelmann* mit der Musik von J. B. Lully, und des *Eingebildeten Kranken* Höhepunkte des Theaterlebens – Werke, die auch heute wieder in Herrenhausen zu sehen sind.

Vor dem Zweiten Weltkrieg hatten die damaligen städtischen Bühnen für kurze Zeit auf dem Gartentheater gastiert, doch erst seit 1954, als die Stadt Hannover die unter Leitung von Walter Heiderich stehende Landesbühne aufforderte, im Gartentheater zu spielen, wurde diese einzigartige Bühne wieder regelmäßig benutzt. Reinhold Rüdiger, Heidrichs Nachfolger, entwickelte für das Schauspiel einen Darstellungsstil, der ganz auf das barocke Gartentheater zugeschnitten ist. 1959 begann die Landesbühne mit einer Aufführung von Händels *Xerxes* im Galeriegebäude ihre erfolgreiche, weithin beachtete Händel-Pflege. Georg Friedrich Händel, 1710 zum «Kurfürstlich Hannöverschen Hofkapellmeister» ernannt, gab dem Musikleben am Herrenhäuser Musenhof kräftige Impulse. Seine *Wassermusik* und *Feuerwerksmusik* gehören zum Repertoire der Konzertsommer im Großen Garten. Molière im Schauspiel und Händel in der Oper sind seit dem Neubeginn nach dem Krieg mit Recht zu den Eckpfeilern der Theateraufführungen in Herrenhausen geworden. Auch für das Galeriegebäude erarbeitete Rüdiger einen eigenen Inszenierungsstil, der sich betont zurückhält und die prächtige Architektur des Raumes entscheidend in das Spiel mit einbezieht. Für die Opernaufführungen und Konzerte wurde vor einigen Jahren eigens das Kammerorchester Herrenhausen ins Leben gerufen.

Freilichttheater wird an vielen Orten geboten, doch nirgendwo so wie in Herrenhausen. Denn nur hier gibt es dieses einzigartige Gartentheater, das eingebettet ist in die kunstvolle Szenerie des Großen Gartens. Wer an einem warmen Sommerabend einmal die Verzauberung erlebt hat, die das Zusammenwirken von Bühnenkunst und Natur zustandebringt, wer den Mond das Geschehen auf der Bühne stimmungsvoller beleuchten sah, als es die Scheinwerfer vermögen, wer zu den Worten der Darsteller das leise Rauschen der Bäume und das ferne Plätschern der Fontänen vernahm, kommt immer wieder.

KURT SCHWITTERS

Vorwärts nach weit

Die Hannoveraner sind die Bewohner einer Stadt, einer Großstadt. Hundekrankheiten bekommt der Hannoveraner nie. Hannovers Rathaus gehört den Hannoveranern, und das ist doch wohl eine berechtigte Forderung. Der Unterschied zwischen Hannover und Anna Blume ist der, daß man Anna von hinten und von vorn lesen kann, Hannover dagegen am besten nur von vorne. Liest man aber Hannover von hinten, so ergibt sich die Zusammenstellung dreier Worte: «re von nah». Das Wort «re» kann man verschieden übersetzen» «rückwärts» oder «zurück». Ich schlage die Übersetzung «rückwärts» vor. Dann ergibt sich also als Übersetzung des Wortes Hannover von hinten: «Rückwärts von nah». Und das stimmt insofern, als dann die Übersetzung des Wortes Hannover von vorn lauten würde: «Vorwärts nach weit». Das heißt also: Hannover strebt vorwärts, und zwar ins Unermeßliche. Anna Blume hingegen ist von hinten wie von vorne: A-N-N-A.

(Hunde bitte an die Leine zu führen.)

Der «klügste Kopf der Stadt» war Gottfried Wilhelm Leibniz; als Philosoph und Theologe, Mathematiker, Physiker und Techniker, Jurist und Diplomat, Geschichtsschreiber, Sprachforscher und Dichter wahrscheinlich das erstaunlichste Universalgenie aller Zeiten.

Leibniz wurde am 1. Juli 1646 als Sohn eines Professors der Moral in Leipzig geboren und starb am 14. November 1716 in Hannover, wo er vierzig Jahre lang seinen Wohnsitz hatte.

Die vielzitierte Devise seines Denkens lautete: «Unsere Welt ist die beste aller denkbaren Welten.» Damit wollte er allerdings keineswegs sagen, daß auf unserer «Erde» alles zum besten bestellt sei. Doch selbst der kluge Voltaire verstand ihn falsch und verspottete die scheinbare Weltfremdheit seines deutschen Kollegen in seinem berühmten Roman *Candide* (1759). Leibniz faßte «Welt» jedoch im damals noch unüblichen Sinn von «Weltraum» auf, und seine These, das System des Universums sei nach einem optimalen Plan geschaffen, ist und bleibt unwiderlegbar. Hätte Leibniz tatsächlich das Treiben auf unserem kleinen Planeten für vollkommen gehalten, wäre es wohl kaum sein ganzes Bestreben gewesen, auf den Ausgleich der politischen Mächte, die Versöhnung der Konfessionen und die Förderung der Wissenschaften hinzuwirken.

Die Königin seines keuschen Herzens, zugleich seine Schülerin und Gönnerin, war die hannoversche Prinzessin Sophie Charlotte, die 1684 mit dem späteren Preußenkönig Friedrich I. vermählt wurde. Sie schrieb ihrem Geistesfreund nach Hannover, Schmiedestraße 10. Dort wohnte er im Hause der Kurfürstlichen Bibliothek. Der Bau aus dem Anfang des 14. Jahrhunderts war 1648 im Renaissancestil restauriert worden und gehörte bis zu seiner Zerstörung im Zweiten Weltkrieg zu den eindrucksvollsten historischen Gebäuden der Stadt.

Für den süßen Nachruhm des großen Leibniz sorgt seit 1891 die Firma Bahlsen in Hannover mit ihren Leibniz-Keksen.

QUELLENNACHWEIS

An dieser Stelle danken wir den Autoren und Verlagen, die uns freundlicherweise den Nachdruck folgender Beiträge gestatteten: dem Autor *Hans Jürgen Baden · Es hält sich alles in Grenzen* (aus: Merian-Monatsheft «Hannover» XVI, 8); DuMont Buchverlag, Köln: *Kurt Schwitters · Straßenbahn* und *Vorwärts nach weit;* Fackelträger-Verlag, Hannover: *Hans J. Toll · Der Samariter mit dem Kümmel;* Falkenverlag, Niedernhausen: *Wilhelm Busch · Sprikker*; S. Fischer Verlag, Frankfurt a. M.: *Arno Schmidt · Kleiner Krieg;* F. Gersbach Verlag, Bad Pyrmont: *Aadje Zisenius · Schulaufsatz über die Aalenriede; Fritz von der Leine · Schützenfest; Hermann Löns · Am Graben;* Carl Hanser Verlag, München: *Friedrich Georg Jünger · Bei der Großmutter;* Hoffmann und Campe Verlag, Hamburg: *Karl Krolow · Dynastische Erinnerungen;* den Autoren: *Rudolf Lange · Die Gärten von Herrenhausen* (aus: Westermanns Monatshefte, August 1976) und *Werner Schumann · Suscipere et finire.*

Da die Rechtsnachfolge bei einigen nicht im

Lande lebenden oder verstorbenen Autoren ungeklärt ist, war es in einigen Fällen nicht möglich, die Nachdrucksgenehmigung einzuholen. Honoraransprüche der Erben bleiben gewahrt.

Kleine Bettlektüren sind Blumen,
die es bei jedem Buchhändler gibt.

*

Kleine Bettlektüren sind immer ein individuelles Kompliment – für Freundinnen, Töchter, Verwandte in nah und fern ...

*

Kleine Bettlektüren – für Einheimische
und Zugereiste – gibt es –
für honorige Hamburger
für jecke Kölner
für zünftige Münchner
für kesse Berliner
für charmante Wiener
für gefitzte Basler
für gemütliche Berner
für hellwache Zürcher
für g'standne Bayern
für wackere Schwaben
für weltoffene Hanseaten
für lebensfrohe Rheinländer
für bodenständige Westfalen
über kernige Tiroler
für sturmfeste Niedersachsen
für heimattreue Schlesier
für unverzagte Ostpreußen
für bürgerstolze Hessen
für wetterfeste Friesen
für gscheite Stuttgarter

und außerdem:

für vielgeplagte Mütter
für Frauen mit Charme
für kluge Köpfe